W0048209

Peter Bachér

Eine Woche Sonnenschein

Was immer wieder Freude macht

Ullstein

Ullstein Taschenbuchverlag 2000
Der Ullstein Taschenbuchverlag ist ein Unternehmen der Econ Ullstein List Verlag
GmbH & Co. KG, München
© 2000 by Econ Ullstein List Verlag GmbH & Co. KG, München
© 1995 by Verlag Ullstein GmbH, Frankfurt/M. – Berlin
Umschlagkonzept: Lohmüller Werbeagentur GmbH & Co. KG, Berlin
Umschlaggestaltung: MORIAN & BAYER-EYNCK
Titelabbildung: Mauritius (GG Kopilak: Green Ribbon)
Druck und Bindearbeiten: Ebner Ulm
Printed in Germany
ISBN 3-548-23705-3

Inhalt

I. Jeder Tag ist ein Wunder 9

»Kein Reiter wird das Glück erjagen, es ist nicht dort,
es ist nicht hier« · Wenn sich die Farben des Lebens
ändern – Brief an eine Vierzigjährige · Was wissen wir
wirklich voneinander? · Wer interessiert sich heute
noch für »normale« Ehen? · Durch die Straßen der
Stadt im November · Im Krankenhaus denken viele
Besucher beim Kommen schon ans Gehen · Was
nun? — Ratschläge an einen Abiturienten · Bitte um
Verzeihung an eine alte Dame · Wenn man sich um
eine Liebe betrogen fühlt ... · Die meisten Freundschaften zerbrechen nicht, sie verwelken wie Rosen
im Herbst · »Warum lieben Sie Ihre Frau?« · Begegnung mit einem älteren Herrn, der nichts für selbstverständlich hält · Wenn jemand plötzlich einsam ist
– haben immer die anderen schuld? · Keine Post
mehr von meinem besten Freund · Jeder gelebte Tag
ist in Wahrheit ein Wunder · Ist nicht jeder Streit eine Krankmeldung der Liebe? · Stimmt es, daß die
Zeit die Wunden heilt?

II. Alltag – in den Farben des Regenbogens 63

»Wenn ich hier rauskomme, mache ich in Zukunft alles anders« · »Wer nicht spurt, den rasieren wir ab« · Brief an eine Powerfrau, die »total abgehoben« hat · Sechzig Watt in der Lichterketter der Hierarchie · Vom Unvermögen, offen miteinander zu reden · Wenn Baumschutz vor Menschenschutz geht ... · Was wissen wir, wie es in der Seele eines Menschen gerade aussieht, wenn wir mit ihm sprechen · »Have a nice day« – wie eine Melodie fürs Gemüt · Was tut ein Vater nicht alles für seine Tochter · »Dann machen wir noch den Doppler« · Ein Versäumnis, das sich nicht wettmachen ließ: Der Chef vergaß die Sekretärin · Brief an einen Mann, der den Sonntag haßt

III. Die Seele muß berührbar bleiben 101

Wer sind die hundert wichtigsten Menschen in Ihrem Leben? · Wenn unversehens ein guter Nachbar auszieht · Die Sache mit dem Onkel, die ist schön · Die Aussteigerin – eingeholt vom Alltag auf Mallorca · »Was für ein Mensch war mein Vater wirklich?« · Grausame Shorts, die shorter sind als short · Wo ist eigentlich das Lob geblieben? · »Es gibt kein problematisches Kind, nur problematische Eltern« · Wenn der Funke der Liebe überspringt ... · Auf dem Friedhof der Wörter – die Kunst des guten Gesprächs ·

Als eines Abends auf Ibiza das Laster um die Ecke bog ... · Das Strohwitwer-Leben ist genauso trostlos, wie es klingt · Liebe Kleinstadt, verzeih meinen Hochmut · Vor der Operation – ein Tag im Niemandsland · Auf einer einsamen Kreuzung in Miami · Immer nur an der Oberfläche entlang – alles für die Karriere · Ich habe meiner Mutter unrecht getan · Eine Woche Sonnenschein – zuviel verlangt?

I.
JEDER TAG IST EIN WUNDER

»Kein Reiter wird das Glück erjagen, es ist nicht dort, es ist nicht hier«

Was ist das für ein wundersames Ding, das wir Glück nennen? Das wir uns zum neuen Jahr millionenfach wechselseitig wünschen, das Philosophen beschäftigt, seit der Mensch begonnen hat, über sein Gastspiel auf diesem Stern nachzudenken? Das kein Lexikon erschöpfend und endgültig erklären kann, das flüchtig ist, launisch oft, das sogar jene beglückt, die es nicht verdienen, und andere vergißt, die es weiß Gott bitter nötig haben – was ist Glück? Und vor allem: Was ist Glück in dieser Zeit?

*

Glück kommt zu uns in tausend Maskierungen: das erste Lächeln eines Babys, Rauhreif vor dem Fenster, ein Flirt im Vorübergehen, der unerwartete Anruf eines Freundes – wenn unsere Seele sich aus Alltagsniederungen aufschwingt, dann sind wir für Sekunden »wunschlos glücklich«.

Neben diesem Glück, das unübersehbar ist, gibt es das verborgene Glück. Als beispielsweise Winston Churchill 1945 während der Potsdamer Konferenz durch Wählerentscheid als Premier abberufen wurde, tröstete ihn seine Frau Clementine: »Wer weiß, vielleicht ist es gut so, vielleicht ist es ein verkapptes

Glück.« Worauf Winston nur brummelte: »Wenn dies ein verkapptes Glück ist, dann muß ich sagen, daß es verdammt gut verkappt ist.«

Wir sehen, was wir längst erfahren haben: Frauen vermögen im allgemeinen besser als Männer auch jenes Glück zu erahnen, das nicht dröhnend durch die Tür poltert, das auf leisen Sohlen daherkommt und sich erst später entpuppt.

Zum Wunder des Glücks gehört, daß es Glück sogar bei seinem Widersacher – dem Unglück – geben kann. Wer je bei einem Totalschaden unversehrt aus seinem Auto herausklettern konnte, weiß sofort, was gemeint ist.

Wenn zu lesen war, daß jetzt »Happyologen« dem Phänomen Glück mit der Sonde der Wissenschaft zu Leibe rücken wollen, daß sie von den etwa tausend »Gemütsmolekülen« des Menschen schon hundert entdeckt haben, die unser Gefühlsleben steuern, dann mögen sie das tun.

Aber wir müssen die Frage stellen: Sollen wir wirklich das unerforschte wunderbare Land des Glücks nun auch noch kolonialisieren?

Ich denke, es sollte uns nicht gelingen. »Kein Reiter wird das Glück erjagen, es ist nicht dort und ist nicht hier.« Schon Theodor Fontane wußte es, mit den heutigen Jets wäre es auch nicht zu schaffen.

*

Als ich in den fünfziger Jahren einmal die Definition hörte: »Glück ist die Abwesenheit von Schmerz«, war ich erschrocken. Das paßte nicht in die Zeit, in der die erste Waschmaschine und der erste VW-Käfer »schieres Glück« waren.

Doch heute erinnere ich mich wieder an diese Formel angesichts des weltweiten Elends in siebzig Krisengebieten mit Krieg und Tod, wo die Abwesenheit der Schmerzen sicher schon alleine als pures Glück empfunden würde.

So ändern sich die Zeiten und mit ihnen das Glück. Nur eines bleibt: Das Glück ist nicht in Menschenhand, ist nicht zu kommandieren und nicht zu manipulieren – welch ein Glück für das Glück!

Wenn sich die Farben des Lebens ändern –
Brief an eine Vierzigjährige

Liebe Freundin, es drängt mich, Ihnen zu schreiben, wie schön und richtig ich es finde, daß nun doch Ihr vierzigster Geburtstag im Kreise von Freunden gefeiert wird. Mit dem Gedanken, Sie alleine am Meer zu wissen, geflüchtet in die Einsamkeit, wie Sie es ursprünglich planten, konnte ich mich ohnehin nicht anfreunden.

Ich weiß, Sie lieben die langen Wege frühmorgens am menschenleeren Strand, lieben es, den Wind im Nacken und das Aufschlagen der Wellen an den Füßen zu spüren, aber hätte das ausgerechnet an diesem vierzigsten Geburtstag sein müssen?

»Vierzig ist kein Alter«, sagt man. Mit 66 fange das Leben erst so richtig an, suggeriert uns ein Schlager. Alles Sprüche, Tröstungen für die Seelenschmerzen, die wir bei dem sich ständig beschleunigenden Lebenstempo empfinden. Wie kann ein Jahrzehnt plötzlich schon wieder vorüber sein?

Der vierzigste Geburtstag fällt, wenn alles gutgeht, nach der Statistik auf den Scheitelpunkt des Lebens: Man hat den Überblick und hält Ausschau, man wird frei für neue Wege, neue Begegnungen, Ziele und Möglichkeiten. Ich kenne niemanden, der mit vierzig sagt, er würde lieber noch einmal zwanzig sein, schon gar nicht in diesen Zeiten.

Denn nun hat man die Einbahnstraße Kindheit und Schule, Beruf und Karriere, Ehe und Kinder verlassen. Das Geheimnis dieses Glücksgefühls, das um die Vierzig intensiver sein dürfte als in jedem anderen Jahrzehnt, ist die Gelassenheit, die in dem Wissen begründet ist: Du hast vom Leben schon ein großes Stück bekommen, das dir niemand nehmen kann. Diese Erfahrung wird vom Schicksal nicht jedem gegönnt, auch das macht dankbar. Und Dankbarkeit für gelebtes Leben kann ein herrliches Gefühl sein.

In einer solchen Stimmung ändern sich nun, wie bei der Mode, die Farben des Lebens: Alles Grelle, alles Blendende weicht langsam zurück. Die »große Schau« hört auf, man hat das Spiel der Eitelkeiten durchschaut, man ist auch weniger egozentrisch als in jenen Jahren, da man seine eigene Existenz aufbaute, ja erkämpfen mußte. Da konnte man weiß Gott nicht immer zimperlich sein.

Jetzt denkt man öfter auch an andere Menschen. Das Raustreten aus dem eigenen engen Kreis, diese Hinwendung zum Nachbarn, zum Freund, auch zum Fremden, fällt mit vierzig leichter als zuvor. Wie glücklich wirken Mütter, welche die Jahre der Erziehung hinter sich haben und die beste Freundin ihrer Tochter geworden sind.

Feiern Sie also ein Fest, es ist ein unwiederholbarer Tag. »Das Schöne zieht einen Teil seines Zaubers aus der Vergänglichkeit«, schrieb Hermann Hesse. Er wußte um den Preis auch für solche glückseligen Stunden.

In einer Welt, die uns einzureden versucht, daß man alles kaufen kann, werden Sie inmitten der Familie und Ihrer Freunde eines erleben: Liebe und Zuneigung sind das Echo Ihrer Liebe, sind das schönste Geschenk, nicht einklagbar, nicht erzwingbar – darum kostbar.

Und am Abend des Geburtstages werden Sie sehen, daß schöner als die Einsamkeit die Erfahrung ist, den Menschen, denen Sie etwas bedeuten, die Chance gegeben zu haben, Ihnen diese Gefühle auch zu zeigen.

Was wissen wir wirklich voneinander?

»Nun sag schon, was weißt du denn von mir?« meinte die Frau in der abendlichen Runde – die Familie,
dazu ein paar Freunde –, und sie blickte dabei ihren
Sohn an: »Nun mal raus damit, ich bin gespannt.«

Als der junge Mann schwieg, quälende Sekunden
lang, als sich in seinem Gesicht nur ein bisher unge-
wohntes Erstaunen erkennen ließ, weil er seine Mutter so harsch noch nicht erlebt hatte, da faßte die
Frau noch einmal nach: »Komm schon, was weißt du
wirklich von mir?«

Der Streit um diese Frage war rein zufällig aufge-
brochen und lag nun wie eine Wunde vor uns: wie
wir Menschen nebeneinander herleben, sogar in der
Familie, auch unter Freunden.

Endlich fielen dem jungen Mann ein paar Statio-
nen aus dem Lebensweg seiner Mutter ein. Dennoch
wurde im Verlauf des Abends sehr schnell deutlich,
daß er von dem Leben der Frau, der er seine Existenz
verdankte, herzlich wenig wußte.

Er stotterte herum. Daß sie in Goslar geboren wurde, das wußte er immerhin ... Der Vater war in der
Verwaltung, Amtsrat, auch klar ... Im Krieg hatte sie
in Berlin gelebt ... Trümmerfrau? Vielleicht, nichts
Genaues weiß er nicht ...

Hungerjahre nach 1945? Da war doch was mit

Carepaketen und Maisbroten ... Die erste Begegnung mit seinem Vater? War das nicht in einem Tanzkurs? Oder in Rimini, wohin sie damals doch alle fuhren ... Krankheiten, die an die Substanz gingen? Fehlanzeige ... Berufsprobleme? Geldsorgen? Ehekrisen? Fehlanzeige.

Und schon gar nichts konnte er erzählen von den Kinderjahren seiner Mutter, von den Freuden und Schmerzen ihrer ersten Liebe, von den anderen Männern vor seinem Vater, wenn es denn solche gegeben hatte.

Müßte er jetzt einen Aufsatz über »Meine Mutter« schreiben: So drei, vier Seiten würden es vielleicht werden, mehr nicht, man weiß eben so verdammt wenig von den Eltern, den Großeltern.

Natürlich hatte die Frau, die ihren Sohn plötzlich so examinierte, im Laufe der Jahre das eine oder andere erzählt, mal eine Anekdote, mal ein Geständnis, aber im familiären Papperlapapp war das untergegangen.

Denn ihr Junge war längst von jenem Leiden befallen, das eine Schlüsselkrankheit unserer Zeit ist: die Krankheit, nicht richtig zuhören zu können oder zu wollen. Bei »Familiengeschichten« hatte er seine Ohren sowieso auf Durchzug gestellt. Man hat ja heutzutage genug mit sich selbst zu tun, nicht wahr?

Und all das Entscheidende, das die Eltern geprägt hat, liegt ohnehin so weit zurück – da flatterten Hakenkreuzfahnen, da gab es Luftschutzkeller und Bombenalarm, da fiel Vaters Bruder vor Minsk. Dar-

an erinnerte er sich plötzlich, aber eigentlich nur,
weil in der *Tagesschau* gerade von dieser Stadt berichtet worden war.

Die Politiker betonen in feierlichen Reden immer
wieder, ein Volk, das nicht wisse, wo es herkommt,
könne auch nicht wissen, wo es steht oder wohin es
geht. Die historische Perspektive. Die Sinnsuche in
der Vergangenheit über die Gegenwart in die Zukunft. Das große Pathos. Da bleibt für die kleine Fa-
miliengeschichte nicht viel übrig. Um genau zu sein:
Der Sohn kannte sogar die Geschichte der Rolling
Stones besser als die seiner Mutter.

*

Sie staunen? Dann spielen Sie mal heute in Ihrer Familie und mit engeren Freunden das Spiel: Was wissen wir wirklich voneinander? Sie werden staunen,
was da alles nicht herauskommt.

Wer interessiert sich heute noch für »normale« Ehen?

Liebe Freundin, als Sie mir gestern erzählten, wie traurig Sie die Nachricht gestimmt hat, daß in der Großstadt heute jede zweite Ehe scheitert, da spürte ich die unausgesprochene Frage, ob auch Ihre Ehe eines Tages in den Strudel des Zeitgeistes geraten könnte.

Nun ist es für jedermann offenkundig: Der Boden schwankt, die Säulen krachen, die Verstrebungen, die unser Leben zusammenhalten, geben überall nach, und das macht vielen angst.

Wir können die Veränderungen gar nicht so schnell realisieren, geschweige denn bewerten und überdenken, die uns der »modern way of life« serviert.

Jetzt ist zur Abwechslung wieder einmal die vor sich hin kränkelnde Institution Ehe an der Reihe. Jede zweite Ehe stirbt, so der dramatische Befund.

Zu den Massenentlassungen der Betriebe, die uns schockieren und bedrohen, kommt nun auch noch eine Kündigungswelle der Herzen in einem nie gekannten Ausmaß.

Wer, so wie Sie, liebe Freundin, über zehn Jahre glücklich verheiratet ist, gehört bereits zu den Dinosauriern der Ehe und denkt hin und wieder sicher darüber nach, was er alles verpaßt – die Lebens- und

Liebeskünstler des Jet-sets zwischen Sylt und Cannes zeigen uns in den Illustrierten, daß die Treue, die wir immer noch für eine harte Währung halten, längst der Inflation anderer Gefühle zum Opfer gefallen ist.

Wenn Sie heute nach Lektüre Ausschau halten, die einem Plädoyer für die Ehe gleichkommt, müssen Sie lange suchen: Die Prediger einer gnadenlosen Selbstverwirklichung haben Konjunktur.

Es sind dies Menschen, die kein schöneres, wichtigeres Wort kennen als das kleine Wörtchen ICH, das sie natürlich unübersehbar in Versalien schreiben.

Und wenn Sie in Talk-Shows hineinschauen, dann haben Sie sich längst daran gewöhnt, daß sich dort alle möglichen Menschen »outen«. Für die »normalen« Eheleute aber gibt es keinen Platz im Scheinwerferlicht.

Wo sind sie – die Fürsprecher, die Verteidiger, die Kämpfer für die Ehe? Sie sind in Deckung gegangen. Sie wollen nicht alt aussehen, sie machen lieber Witze, zitieren Zynismen wie den von Tucholsky: »In der Ehe pflegt gewöhnlich einer der Dumme zu sein. Nur wenn zwei Dumme heiraten – das kann mitunter gutgehen.«

Das Erstaunlichste aber ist für mich, daß in den Diskussionen, die das Klima der seelischen Verwüstungen schaffen, die Liebe kaum vorkommt, die nach Novalis der Endzweck der Weltgeschichte und das Amen des Universums ist.

Aber wer ist schon Novalis im Vergleich zu den Glücksrittern unserer Tage.

Daß wir in einer besonders liebevollen Zeit leben, wird ja wohl niemand behaupten wollen.

Wir sind vielmehr Täter und Opfer eines brutalen Hier-und-Heute-Denkens. Wir sind – wie in der Politik, so auch in der Liebe – Schönwetterflieger, die bei den ersten Turbulenzen nervös werden.

Vielleicht, liebe Freundin, hilft Ihnen zu Ihrer Frage ein Hinweis auf ein wunderschönes Wort von Albert Camus: »Einen Menschen zu lieben heißt einwilligen, mit ihm alt zu werden.«

Grüßen Sie in diesem Sinn auch Ihren Mann.

Durch die Straßen der Stadt im November

November-Melancholie. Ich gehe durch die Straßen der Stadt. Grelle Plakate preisen »Last-minute«-Flüge in die Sonne an. Karibik. Türkische Riviera. Gran Canaria.

Die Sonnentempel rufen ihre Jünger. Mit ein paar hundert Mark wäre man schon dabei, wenn man nur die Zeit hätte, die man bei der turbulenten Geschäftigkeit dieses Monats – und beim Einlauf in die Zielgerade Weihnachten – leider eben nicht hat.

November-Melancholie. Ich schaue in die Gesichter der Menschen. Die meisten sind blaß, als hätte es nie einen Supersommer gegeben.

Wie fröhlich war Deutschland, als die Sonne ihre beste Vorstellung seit langem ablieferte: Sogar im kühlen Norden – in Hamburg – wurden die Straßencafés besucht, gab es Musik und Mädchen, wie sonst in Rom. Italienische Heiterkeit.

Jetzt aber sieht es in unseren novembergrauen Städten wieder zum Gotterbarmen deutsch aus.

Hinzu kommen die Tage der Traurigkeit: Allerseelen, Volkstrauertag, Totensonntag – im Mai kaum vorstellbar, im November aber: wie eingepaßt in diese Zeit.

Geheimnisvoll, wie die Gedanken kommen und gehen. Bei meinem Spaziergang durch die Stadt fange ich plötzlich an, die Menschen zu zählen, die im ausklingenden Jahr verstorben sind.

Da ist die Praxis einer Ärztin. Ihr Namensschild hing nicht mehr an der Tür, ein neuer, ein anderer, ein fremder Name stand dort. Sie war jung, viel zu jung. Sie wußte, daß sie höchstens noch ein halbes Jahr zu leben hatte. Ich hatte es zufällig erfahren.

Bei meinem letzten Besuch sagte sie: »Genießen Sie Ihr Leben«, um dann, leiser, hinzuzufügen: »Wie wenige Menschen wissen, wie kostbar es ist, nur ganz einfach zu leben.« Muß ich sagen, daß ich an ihre Worte denke, wann immer ich hier vorbeigehe?

Da ist das kleine Büro, in dem so oft bis spät in den Abend hinein Licht brannte, in dem ein Abteilungsleiter die Zahlenkolonnen des Vertriebs studierte – Umsatzanalyse, Zielprojektion, Gewinnmaximierung. Bis er plötzlich mit dem Kopf auf die Tischplatte fiel – Herzinfarkt.

Dann der immer freundliche Verkäufer, der mich zu einer farbenfrohen Jacke überredete, die meine Frau mit dem knappen Kommentar »sehr mutig« versah, als ich ihr abends damit entgegentrat.

Später hörte ich, der Mann habe sich das Leben genommen – Einsamkeit sei der Grund gewesen. Tausend Gesichter am Tage und abends doch allein, und keines, in dem er wenigstens eine Spur von Liebe entdeckte, die er wohl suchte, aber nicht fand.

Ich kam bei meinem kleinen Rundgang durch die City auf acht Menschen. Du mußt nicht an Grab-

kreuzen stehen, daß dich solche Erinnerungen überfallen.

*

November-Melancholie. Die Ärzte sagen, es dringe
zuwenig Licht in unsere Augen, darum die Mattig-
keit, die leisen Anflüge von Depression.

Die Psychologen raten, man möge den November
umarmen, ihn sich zum Freund machen, mit Ker-
zenlicht, mit Büchern, mit Freunden – so sei er am
besten zu überstehen.

Und die Philosophen? Sie erinnern uns an das
eherne Naturgesetz, wonach die fallenden Blätter zu
unserem Leben gehören wie die Rosen, die wir im
Sommer pflücken. Mir scheint, die Philosophen
kommen der Wahrheit am nächsten.

Im Krankenhaus denken viele Besucher beim Kommen schon ans Gehen

Da stehen sie plötzlich im Zimmer, die Verwandten, die guten Freunde, die Kollegen. Einige klopfen an, wie es sich gehört, andere treten sofort ein, wie sie es gewohnt sind, als seien sie nicht in einer Klinik, sondern im Büro, drei Zimmer weiter, um nur eine schnelle »Info« über den Zustand nach der Operation einzuholen.

»Gut siehst du aus, alter Junge!« Ja, der Besucher sagt wirklich, daß ich gut aussehe. Was ist das nun: ein Mutmachen, die Wahrheit oder nur ein Trost aus dem Reagenzglas der Gefühle?

Ich selbst habe mich jedenfalls noch vor zehn Minuten im Spiegel des Badezimmers ganz anders gesehen.

*

Dieses Aufeinanderprallen von draußen und drinnen ist vor allem in den ersten Tagen kaum auszuhalten, besonders dann nicht, wenn eine Besucherin eine schnelle Joggingrunde im Stadtpark – »fünfundvierzig stramme Minuten« – mit dem Besuch am Krankenbett kombiniert, weil »Terminkoordination« zu ihrem Job als Chefsekretärin gehört. Da wird auch der Klinikbesuch gleich mit »abgehakt«.

Während sie noch aus allen Poren der gebräunten Haut dampft und ihre Augen funkeln, liegst du elend, bleich, schwach und weiß wie ein Laken da, bekleidet mit einem hellgrünen Hemd, eine Farbe, die du privat nie trägst und die alles schlimmer erscheinen läßt, als es ohnehin schon ist – vier Tage nach dem Meisterstück der Chirurgen.

Die Gespräche, die am Krankenbett ablaufen, sind meist so oberflächlich wie im normalen Leben auch, obwohl sie doch eine ganz andere, den Sinn des Lebens und vielleicht sogar der Krankheit berührende Tiefe haben müßten.

Denn wenn nicht hier und jetzt, wo dann könnte man sich besser einschwingen in die wirklich existentiellen Fragen unseres Daseins?

Statt dessen geht es um andere Dinge: Ob mir das Fernsehen gefallen hätte; ob mir das Essen schmecken würde; was es kostet, ein Telefon am Bett zu haben, und so weiter, und so weiter. Kinkerlitzchen angesichts einer soeben zurückgewonnenen Unversehrtheit.

Einer sagt, die Fahrt in die Klinik sei »grausam« gewesen – und um nicht in die Rush-hour zu kommen, müsse er auch gleich wieder aufbrechen. Ich möge nicht böse sein, Verständnis haben.

Im Krankenhaus gibt es zu viele Besucher, die beim Kommen schon vom Gehen reden.

Nun weiß ich aus eigener Erfahrung, daß solche Besuche in jedem Fall schwierig sind. Der plötzliche Blick in die Welt der Schmerzen, das Leid in fremden

Gesichtern auf den Korridoren, all die Bahren, die Spritzen, die Infusionen, die Verbände, all diese Dinge sind plötzlich vor deinen Augen und erinnern dich nur an eines: an die Brüchigkeit des Lebens.

Theoretisch kannst auch du schon morgen hier liegen, es muß ja nur ein Verrückter auf der Gegenfahrbahn die Beherrschung über sein Auto verlieren ...

Deshalb habe ich allen, die anfragten, ob sie mich besuchen dürften, bestellen lassen, das sei »wirklich nicht nötig«.

*

Aber eines habe ich in den langen Tagen dann doch lernen müssen: Noch belastender als jeder Besuch — einschließlich der vor Gesundheit strotzenden Joggerin — wäre es, wenn du feststellen müßtest, daß kein Mensch von draußen zu dir kommt und etwas von dir wissen will.

Was nun? – Ratschläge an einen Abiturienten

Lieber junger Freund, nun haben Sie das Abitur endlich in der Tasche. Jetzt müßten Sie eigentlich einen Tag lang wie auf Wolken gehen. Das herrliche Leben mit tausend Chancen liegt vor Ihnen, aber am Telefon vermißte ich jene Fröhlichkeit, die ich eigentlich erwartet hatte, als ich von Ihnen an diesem Tag aller Tage nur wissen wollte: »Wie geht's?«

Weder Sie selbst noch Ihre Freunde hätten jenes himmelstürmende Feeling, das zu einem frischgebackenen Abiturienten doch dazugehört. Nein, Sie könnten das Lebensgefühl mit nur zwei Worten umschreiben, ganz nüchtern und völlig unsentimental: »Was nun?«

»Was nun?« – das ist die vordringliche Frage, die sich heute die meisten Abiturienten stellen, wenn sie auf die nächste Wegstrecke schauen, sagten Sie zu mir. Dafür gibt es viel zuviel Ungewißheit. Von »tausend Chancen« keine Spur.

Es sei im realen Leben vielmehr wie auf den Straßen in Deutschland: Immer ist schon einer vor dir da. Ob Bundeswehr oder Ersatzdienst, Lehre oder Studium, erste tastende Schritte in den Beruf, »ein Grauschleier liegt über allem«.

Ich glaube Ihnen aufs Wort, wenn Sie hinzufügen, daß schon die letzten Jahre mit überforderten Leh-

rern und katastrophalen Platzverhältnissen durchaus
kein Honigschlecken waren. Die unbekümmerte
Heiterkeit der Feuerzangenbowle, die den alten Rüh-
mann-Film zum Kultfilm machte, die gibt es nicht
mehr.

Wenn heute Filme über Schulen und Schüler gedreht werden, heißen sie nicht *Die Feuerzangenbowle*,
sondern *Der Club der toten Dichter*. Der Zeitgeist weht
natürlich auch durch die Gemäuer der höheren Lehr-
anstalten.

Und doch sage ich Ihnen, und Sie baten ja um
meinen Rat: Der Tag des Abiturs ist vielleicht kein Ju-
beltag, aber ein festlicher Tag allemal. Sie haben eine
großartige Leistung vollbracht. Nun lassen Sie die
Schule hinter sich: »Abire« heißt im Lateinischen
»fortgehen«.

Seit 1788 in Preußen das Abitur eingeführt wurde,
sind Millionen, mit dem Zeugnis der Reife ausgestat-
tet, in ein oft grausames Schicksal hineingegangen,
mit Krieg, Hunger, Inflation, Trümmern und Elend.
Da stellt sich heute das Leben doch wahrlich anders
dar.

»Denke niemals an die Zukunft. Sie kommt früh
genug«, ist ein Rat, der ebenso simpel wie banal
klingt. Aber wenn ich Ihnen sage, daß er von Albert
Einstein stammt, einem der klügsten Menschen unseres Jahrhunderts, dann nehmen Sie ihn mir vielleicht ab.

Ich wünsche Ihnen also: keine Zukunftsangst, dafür unbändige Neugier aufs Leben, Treue zu den

Freunden, es sind die besten, die Sie später haben. Dazu Flexibilität im Beruf und Bescheidenheit bei allem Selbstbewußtsein.

Und das Wichtigste, auch wenn es nicht so aussieht: Mißachten Sie nicht die Bindungen ans Elternhaus. Tränen am Grab der Mutter, geweint aus Reue über mutwillig oder leichtsinnig zerbrochene Bindungen, wünsche ich Ihnen nicht.

Auf die manchmal natürlich quälende Frage: »Was nun?« gibt es beim besten Willen keine allein gültige Antwort, auch das lehrt das Leben.

»Watt macht ma, wemma nich zeichnen kann?« fragte der geniale Max Liebermann einen Studenten. »Man geht auf die Schule und lernt es«, antwortete dieser. Da kam das überraschende Echo des Meisters im besten Berliner Dialekt: »Ähm nich. Ma jründet selbst eene.«

*

Wir sehen: Das Leben ist viel bunter und chancenreicher, als wir glauben, wenn wir es nur richtig anpacken. Und immer findet sich eine Schneise aus dem Dickicht, lieber Freund.

Bitte um Verzeihung an eine alte Dame

Sie wohnte in dem Mehrfamilienhaus, zwei Stockwerke entfernt, und doch war sie mir auf eigentümliche Weise nah. Denn der Zufall wollte es mit einer unheimlichen Gesetzmäßigkeit, daß ich sie im Treppenhaus öfter traf als jeden anderen Mitbewohner.

Die alte Dame hatte die Siebzig überschritten. Ihre Augen waren von ungewöhnlicher Dunkelheit, aber ihre Stimme war klar und fest. Sie zeigte sich mir – was die Sache besonders schwierig machte – immer mit einer erlesenen Höflichkeit.

Sobald ich sie traf, versuchte sie, mich in ein Gespräch zu verwickeln. Auch wenn ich es voller Ungeduld erkennbar eilig hatte, rief sie mir noch einen Gruß hinterher, in der Hoffnung, ich würde anhalten und mit ihr sprechen.

Nicht immer gelang es mir, mich davonzustehlen. Höflichkeit fordert ihren Preis: die Erwiderung.

Natürlich waren es Alltagsdinge, über die wir dann miteinander redeten: die Miete, der Hauswirt, die Reparaturen, all der Kleinkram, der dazugehört, wenn so eine Wohnmaschine mit fünfzehn Parteien einigermaßen funktionieren soll.

Was mich allerdings zunehmend verwirrte, war ihre Anteilnahme an meinem privaten Leben, waren ihre Ratschläge, die sie mit der Intensität von Beschwörungsformeln vortrug.

»Kommen Sie gut heim«, sagte sie, als sie mich mit einem Koffer sah, »es kann so viel passieren.«

Es würde schon nichts schiefgehen, antwortete ich, was sie aber nicht hören wollte: »Man weiß ja nie, wie das Schicksal so spielt.«

Als ich ihr einmal nach einer langen Grippe gegenüberstand: »Lassen Sie die Angelegenheit nicht schleifen, Sie sehen so spitz aus um die Nase.«

Nun ist eine Schnelldiagnose im matten Licht des Hausflurs mit das Unangenehmste, was ich mir beim Start in den Alltag wünschen kann, aber da war die alte Dame unerbittlich: »Versprechen Sie mir, noch heute einen Arzt aufzusuchen.«

Ein anderes Mal rief sie mir hinterher, ich möge vorsichtig fahren, im Rundfunk sei Glatteis angekündigt, Leichtsinn könne tödlich sein.

Als sie dann eines Tages auf ihre Frage, wohin es denn diesmal ginge, von mir die Antwort hörte, ich würde jetzt nach Amerika fliegen, sagte sie: »Ich bete für Sie, daß Sie heil aus New York zurückkommen, ich sah gestern im Fernsehen einen Film, da herrscht ja der reinste Terror.«

*

Inzwischen erfuhr ich das Schicksal der alten Dame. Sie war unheilbar krank, die Ärzte hatten ihr Leiden falsch eingeschätzt.

Sie hatte einen Sohn bei einem Autounfall verloren. Eine Tochter war im Ausland unter die Räder gekommen – Rauschgift. Ihr Mann war wegen Arbeitslosigkeit in Depressionen verfallen, in einer Klinik gelandet.

Wie konnte ich nach all dem Schrecklichen, das sie hinter sich hatte, der alten Dame mit ihren unerbetenen Ratschlägen noch gram sein?

*

Wer das Glück hat, auf der sonnigen Seite der Straße zu gehen, der sollte Verständnis haben für jene, die vom Schicksal geschlagen wurden und aus dieser Sicht des Lebens andere Fragen stellen und andere Antworten geben als man selbst.

Nun, da sie nicht mehr lebt, würde ich ihr so gerne sagen: Verzeihen Sie meine Ungeduld, verehrte Nachbarin. Ich bitte Sie darum. Von ganzem Herzen.

Wenn man sich um eine Liebe betrogen fühlt ...

Nein, nie im Leben hätte sie je gedacht, daß die Lektüre einer einzigen Buchseite sie so traurig stimmen würde, sagte die Frau in eine abendliche Runde hinein. Und alle ihre Gäste wollten natürlich sofort wissen, um was für einen Text es sich da wohl gehandelt haben könnte.

Die Frau erhob sich sofort, als habe sie nur auf das Stichwort gewartet, und holte aus dem Regal das kleine schmale Buch der Anne Morrow Lindbergh, das ihr zufällig beim Aufräumen in die Hände gefallen war.

Es trägt den poetischen Titel *Bring mir das Einhorn* und enthält Tagebuchblätter und Briefe aus der Jugendzeit jener begabten Schriftstellerin, die später den Mann heiratete, der 1927 als erster Pilot alleine den Atlantik von New York nach Paris in gut 33 Stunden überquert hatte: Oberst Charles Lindbergh.

Es sei schon eine wunderbare Sache, sagte die Frau, wenn man hin und wieder, nicht gehetzt von Alltäglichkeiten, in Ruhe etwas »herumschmökern« könne.

Und dann las sie ein paar Sätze vor, die die zwanzigjährige Anne im Juli 1926 an ihre »liebe Großmutter« geschrieben hatte:

»Unsere Familie ist wirklich wundervoll. Wir sind

so glücklich mit uns selber. Das haben Mutter und Daddy geschaffen, natürlich. Aber auch Du, liebe Grandma, hast es geschaffen, durch Mutter. Unsere Familie geht auf Dich zurück, unser Glück verdanken wir Dir. Das ist zwar unklar formuliert«, schreibt die junge Dame durchaus selbstkritisch, »aber ich möchte es Dir von ganzem Herzen mitteilen.«

Nun hielt unsere Vorleserin inne, ganz offensichtlich war sie neugierig zu erfahren, ob die Zuhörer ihre Nachdenklichkeit nachempfanden. »Einen solch schönen Brief habe ich noch nie im Leben bekommen.«

Einer aus der Runde regte jetzt an, es sollten diejenigen die Hand heben, die von ihren Kindern oder Enkeln mit einem Zuspruch ähnlicher Herzenswärme bedacht worden wären.

Und was geschah? Es ging keine Hand nach oben.

»Ist das nicht typisch für diese Zeit?« fragte jemand und schaute sich am Tisch um – immerhin waren sechs Paare versammelt. Ein Indiz für heutige Gefühlsdefizite sei dieses private Abstimmungsergebnis schon.

Zwar tröstete sich eine Frau mit der Bemerkung, ihre Kinder würden wenigstens mal hin und wieder anrufen, aber bei den Enkeln wüßte man sowieso nicht so genau, ob sie nicht längst nur noch auf Geheiß der Eltern zur Feder greifen ...

Unübersehbar war für mich, daß sich alle im Raum um eine Liebe betrogen fühlten, die sie natür-

lich nirgendwo anmahnen konnten, »weil Liebesbe-
zeugungen von Enkeln nicht erzwingbar sind«.

Und dann gab es doch noch eine verblüffende
Wendung, als eine Frau ganz laut die Frage stellte:
»Vielleicht ist auch alles ganz anders? Vielleicht war
die ›Grandma‹ der Anne Morrow Lindbergh eine
viel bessere und liebenswürdigere Großmutter, als wir
es alle sind, eine mit Zeit, Geduld und Familien-
sinn?«

Da kam das große Schweigen auf. Der Fall war
plötzlich klar: Wie man in die Familie hineinruft, so
schallt es auch wieder heraus.

Die meisten Freundschaften zerbrechen nicht, sie verwelken wie Rosen im Herbst

Er hatte mir einen Brief geschrieben, einen ganz spontanen Brief, da er durch Zufall gehört hatte, daß mich einige massive berufliche Probleme quälten.

Er wolle sich um Himmels willen nicht aufdrängen, nicht mit der Tür ins Haus fallen, aber er möchte doch wenigstens seine Hilfe anbieten, das sei bei unserer langjährigen Freundschaft doch selbstverständlich.

Es war ein wunderschöner Brief.

Ich hatte diese gefühlsstarke Einstimmung auf meine Situation von ihm in dieser Form nicht erwartet. Er erschien mir immer eher kühler, und erst mit einer saloppen Aufforderung am Schluß rückte er das Bild, das ich von ihm hatte, wieder zurecht: »Also melde Dich bald, alter Junge!«

Dieser Brief lag, zusammen mit Akten, Rechnungen, allerlei Behördenkram, auf meinem Schreibtisch.

In den ersten Tagen kam ich beim besten Willen nicht dazu, sofort zu antworten, zumal er mir in diesem Fall auch gar nicht helfen konnte.

In den darauffolgenden Tagen, wir sind bereits am Ende der zweiten Woche, wählte ich dann zweimal seine Nummer, um mich nun wenigstens telefonisch für seine Zeilen zu bedanken.

Aber seltsam: Jedesmal legte ich den Hörer auf die Gabel, noch ehe er überhaupt am Apparat sein konnte.

Es überfiel mich plötzlich das Gefühl, daß ich mich nicht für einen dreiseitigen handgeschriebenen Brief – nicht für einen solchen Brief – mit einem Rückruf, mit blanker Telefonroutine revanchieren durfte.

Inzwischen hatte mich der Alltag wieder im Griff, der Papierberg schwoll unaufhörlich an, und wann immer ich ihn durchsah, stieß ich auf seinen Brief. Inzwischen war die dritte Woche angebrochen.

Da ging das Telefon: mein Freund!

Ich wäre am liebsten im Erdboden versunken: Nun war er mir doch zuvorgekommen. Wie es mir ginge? Fabelhaft. Ob ich eigentlich damals seinen Brief bekommen hätte? Aber ja, das sei eine große Freude gewesen. »In schweren Zeiten freut man sich besonders über freundschaftlichen Zuspruch.«

»Dann ist's ja gut«, sagte er knapp – und ließ sofort das Gespräch ins Leere laufen, indem er noch ein bißchen über die Politiker schimpfte.

*

Mit Politik kann man heutzutage leicht vom Wesentlichen ablenken; das Wesentliche war in diesem Augenblick unsere Freundschaft, aber darüber mochte er wohl nicht mehr sprechen.

Als er geendet hatte, suchte ich seinen Brief, las

ihn noch einmal, und ich fragte mich plötzlich, warum seine Bitte: »Also melde Dich bald, alter Junge!« ohne Echo geblieben war.

Es war sicher keine Schwäche – wie wenig Kraft kostet schließlich eine (notfalls kurze) Antwort? Es war auch kein Zeitmangel, keine Nachlässigkeit, kein blankes Vergessen. Es war etwas anderes, etwas Gefährlicheres: der Irrtum zu glauben, Freunde könnten warten, sie würden schon Verständnis haben, wenn dir andere Dinge wichtiger scheinen.

*

Das Schöne an der Freundschaft ist ja gerade, nicht um Verzeihung bitten zu müssen. Aber dabei übersehen wir gerne die Wahrheit des Wortes, wonach die meisten Freundschaften heute nicht zerbrechen, sondern verwelken wie Rosen im Herbst.

»Warum lieben Sie Ihre Frau?«

Liebe Freundin, wir hätten das Frage-und-Antwort-Spiel »Warum lieben Sie Ihre Frau?« vielleicht doch nicht spielen sollen, das gestern aus einer übermütigen Laune heraus bei uns entstand, zur vorgerückten Stunde, angeheizt vom Alkohol, der ja manchmal eine »Fröhlichkeit« freisetzt, die man schon kurz darauf bereut.

Aber es ist nun einmal geschehen, und ich bitte Sie, nichts überzubewerten, wenngleich ich Ihre umschatteten Gefühle sofort gespürt habe, als Ihr Mann auf diese Frage ganz ernsthaft antwortete: »Ich weiß nicht, warum ich meine Frau liebe, ich weiß es wirklich nicht.«

Er fügte diesem Satz nichts hinzu. Er ließ ihn nackt stehen. Wir alle im Raum hielten erschrocken inne. Da war nichts Lustiges, nichts Charmantes wie bei den anderen in der Runde, die zuvor die liebenswerten Vorzüge ihrer Partnerinnen gepriesen hatten.

Ich verstehe, liebe Freundin, daß Sie angesichts eines solchen Trommelfeuers an Komplimenten die äußerst karge, fast abrupte Antwort Ihres Mannes mehr als nur enttäuschte, vermutlich sogar verletzte. Denn immerhin sind Sie zwei Jahrzehnte glücklich verheiratet, da sollte man wissen, was einen Menschen mit dem anderen verbindet – und es auch benennen können.

Und doch möchte ich Ihren Mann in Schutz nehmen. Ich kenne ihn schließlich seit Ewigkeiten, darf ihn meinen Freund nennen. Und so glaube ich, seine Einsilbigkeit, seine störrische Verweigerung zu verstehen, die uns gestern so erschreckte.

*

Wir leben in einer Zeit, in der die Tabuzertrümmerer alle Grenzen der Scham längst gesprengt haben. Die mediale Vermarktung des Menschen wird mit einer solchen Wucht betrieben, daß der sogenannte »normale« Mensch – der statistische Durchschnittsmensch – sich plötzlich eingeschüchtert fragt, ob er selbst eigentlich noch normal ist. Denn er kann weder mit Homosexualität, Abtreibung, Mord und Totschlag, Atomangst, Umweltbetroffenheit noch mit Tränen des Verzeihens oder Tränen der Verzückung am Traualtar öffentlich dienen.

Kein Wunder, daß bei diesem Hexentanz irgendwann und irgendwo Widerstand aufkeimt. Bei Ihrem Mann geschah es gestern, er wollte einfach nicht vor so vielen anderen Menschen offenlegen, was er an Ihnen liebt – und schon gar nicht, warum er Sie liebt. Da war er lieber ein »Spielverderber«.

Vielleicht können Sie dem Gedanken zustimmen, daß eine Liebe, die tief in der Seele verankert ist und zwei Menschen wie auf Flügeln durch den Alltag trägt, des besonderen Schutzes bedarf, da sie in ihren schönsten Augenblicken eben wirklich und wahrhaftig »unbeschreiblich« ist – so verräterisch, so präzise aber auch ist unsere Sprache beschaffen.

Und eine solche Liebe, in der man sich sogar dann versteht, wenn man nicht miteinander spricht, verträgt es nicht, will man sie mit Worten einfangen, die noch immer nur einen Bruchteil des Ganzen beschreiben können, wie es die anderen Männer gestern abend taten. »Ich liebe ihre rassigen Beine«, »Sie ist die beste Mutter der Welt«, solche Komplimente hören wir ja zuhauf, aber was besagen sie schon?

*

Ich beglückwünsche Sie also zu Ihrem Mann, weil er nicht bereit war, seine Liebe zu Tode zu reden, wie es heute Mode ist.

Begegnung mit einem älteren Herrn, der nichts für selbstverständlich hält

Ich stand zufällig vor einem Hotel, ein Auto fuhr vor. Ein älterer Herr, ganz offensichtlich gehbehindert, versuchte auszusteigen, es fiel ihm schwer, und ich eilte ihm zu Hilfe. Er bedankte sich freundlich.

»Das ist doch selbstverständlich«, antwortete ich, fast mechanisch, eine Floskel, die wir gerne benützen, wenn uns nichts Besseres einfällt.

»Das sollten Sie nicht sagen«, meinte der Herr nun zu mir, nachdem der Portier den Koffer entgegengenommen hatte. Und ehe ich meiner Bemerkung »Das ist doch selbstverständlich« noch etwas hinzufügen konnte, sprach er den Satz, den ich noch heute – Wochen später – in Erinnerung habe: »Heutzutage ist nichts mehr selbstverständlich.«

Dabei schaute er mir ganz ruhig in die Augen, um seinen Worten Nachdruck zu verleihen: »Denken Sie einmal über meine Worte nach.« Dann nahm er, nach Mantel und Tasche, als letztes seinen Stock aus dem Fond des Wagens und ging seines Weges, so gut es eben ging – und es ging schwer genug.

Gleichwohl war ich mir sicher, daß er nicht die kleinen Hilfen meinte, die er im alltäglichen Leben erfährt – oder auch nicht erfährt. Nein, ihm ging es mit seiner Bemerkung um das ganze Leben, um eine Art Lebensphilosophie.

Seit dieser kurzen Begegnung hat mich sein Gedanke, daß heutzutage nichts mehr selbstverständlich sei, nicht mehr verlassen.

Zuerst fiel mir ein: Es ist nicht selbstverständlich, daß ich unbeschwert laufen kann. Vor ein paar Wochen entstieg ich selbst einem Wagen, der sich bei Aquaplaning plötzlich um die eigene Achse gedreht hatte, mitten auf der Autobahn. Nur ein Wunder ließ mich aus dem verbeulten Blech herauskommen.

Dieses Gefühl, mit heilen Knochen einer Katastrophe entronnen zu sein, hielt ein paar Stunden an, aber dann hatte mich die Routine des Lebens wieder im Griff, und das bedeutete allemal: vergessen, was alles hätte sein können ...

*

Wir leben in einer so wirren und verwirrten Zeit, in der nicht einmal das Selbstverständliche, wie wir es uns vielleicht vorstellen oder aus früheren Zeiten gewohnt sind, noch selbstverständlich ist.

Es ist eben beispielsweise nicht mehr selbstverständlich, daß ich, komme ich abends spät von einer Reise nach Hause, noch alles unberührt an seinem Platz vorfinde, denn in zwei Nachbarwohnungen ist im vergangenen Jahr alles auf den Kopf gestellt, eine weitere Wohnung sogar ganz ausgeraubt worden.

Das gilt auch für die kleinen, weniger dramatischen Dinge des Lebens: daß die Kinder öfter einmal bei ihren alten Eltern vorbeischauen, wie sie es doch beim letzten Besuch angekündigt haben; daß der Mann sofort Nachricht gibt, wenn er sich einmal verspäten muß; daß die übermüdete Verkäuferin kurz vor Feierabend sich noch zu einem freundlichen »Ich wünsche Ihnen ein schönes Wochenende« aufrafft; daß der Hausarzt nicht den Anrufbeantworter eingestellt hat und daß er kommt, sobald man ihn dringend braucht; daß jemand ein Zeichen gibt, wenn man einen Parkplatz sucht und er gerade einen solchen freimacht; daß der Chef wirklich zurückruft, wie es die Sekretärin versprochen hat.

Alltäglichkeiten? Aber ja! Die Addition dieser vermeintlichen Kleinigkeiten aber ist es, die in der Summe das Klima unseres Lebens bestimmt.

*

Wenn man nichts, buchstäblich nichts mehr als »selbstverständlich« nimmt, was einem Freude bereitet, dann kann man noch einmal so richtig das Staunen lernen. Dann entdeckt man plötzlich auch, daß die Herzlichkeit bei uns doch noch nicht total auf der Strecke geblieben ist.

So wie der behinderte Mann vor dem Hotel, der leider sicher tausendmal erleben mußte, daß ihm nicht geholfen wurde, und der um so freudiger überrascht war, als sich ihm eine helfende Hand bot.

Wenn jemand plötzlich einsam ist – haben immer die anderen schuld?

Liebe Nachbarin, schon lange wollte ich Ihnen schreiben, ich habe es immer wieder aufgeschoben, weil ich dachte, es sei zu persönlich, zu direkt, wohl auch zu hart, die Dinge ungeschminkt beim Namen zu nennen, die mir aufgefallen sind. Und schließlich möchte ich ja auch unsere schöne schwebende Beziehung nicht gefährden, die sich im letzten Jahrzehnt herangebildet hat.

Aber nach den überraschenden Worten, die ich gestern von Ihnen hörte, will ich nun doch zur Feder greifen, in Sorge um Sie.

Sie sagten, daß Sie glauben, mit allem im Leben fertig zu werden. Nur vor einem hätten Sie jetzt immer öfter Angst: daß Sie eines Tages eine Einsamkeit zuschnürt, die Sie bisher nicht für möglich gehalten hätten. Aber nun, nach Ihrem sechzigsten Geburtstag, sei eben doch manches anders geworden.

Wenn ich Ihnen nun verrate, daß ich trotzdem kaum Gefühle des Mitleids für Sie empfinde, dann werden Sie das sicher nicht verstehen.

Darum ganz deutlich: Sollte sich eines Tages erst das Alleinsein, dann die Einsamkeit wie eine Fessel um Ihren Hals legen, dann sind Sie selbst schuld daran.

Ich weiß, wie oft Sie von Freunden, Bekannten

und ehemaligen Kollegen Ihres verstorbenen Mannes eingeladen wurden: zum Abendessen, ins Theater, zu Fahrten in die Umgebung, zum Besuch leerstehender Ferienwohnungen – die Kette der Verwöhnungen, die man Ihnen angeboten hat, ist lang.

Man hat sich wirklich um Sie gekümmert, als Sie plötzlich allein dastanden, die Kinder aus dem Haus, nach dem Umzug in die kleinere Wohnung. Ja, die Menschen um Sie herum haben Sie in Ihrem Schmerz, in Ihrem Gefühl der Verlorenheit auf wunderbare Weise aufgefangen.

Aber eines Tages dann ... Irgend jemand wird plötzlich hellwach. So ist es immer im Leben, so ist es auch hier.

In Ihrem Fall war es ein Freund Ihres Mannes. Er fragte mich, ob es eigentlich »normal« sei, daß er sich immer wieder um einen Menschen bemüht, ohne je ein Echo zu erhalten.

Liebe Nachbarin, um es noch direkter zu sagen: Auch wir haben Sie mindestens zwei Dutzend Male ausgeführt, ohne daß Sie nur einmal auf den Gedanken gekommen sind, uns wenigstens einmal zu sich einzuladen, ganz bescheiden, nichts Aufwendiges wohlgemerkt, auf ein Glas Wein, einen Salat, das wär's schon gewesen, eine Geste eben.

Das Leben, Verehrteste, ist kein Büfett, an das man gierig herantritt und das sich nach der Plünderung auf wundersame Weise von selbst erneuert; da müssen schon immer irgendwelche hilfreiche Geister im Hintergrund tätig sein. Und es ist ein großer Fehler,

immer nur nehmen zu wollen und alles für selbstverständlich zu halten.

Wundern Sie sich also nicht, wenn man sich in Zukunft seltener an Sie erinnert. Jammern Sie nicht,
wenn die langen Abende kommen und niemand Sie
aus dem Alleinsein herausholt.

Erwarten Sie auch nicht, daß jemand Sie beispielsweise am Weihnachtsabend zu sich bittet – wie wäre
es, wenn Sie selbst einmal einen kleinen Gabentisch
für andere deckten?

Ich bin überzeugt: Die oft beklagte Einsamkeit älterer Menschen ist – von Ausnahmen schicksalhafter
Verstrickungen abgesehen – in vielen Fällen selbst
verschuldet. Sie ist der Preis für Egoismus oder man-
gelnde Sensibilität oder auch nur eine gewisse Be-
quemlichkeit. Ich wünsche Ihnen, daß Sie diesen
Preis nie zahlen müssen.

Keine Post mehr von meinem besten Freund

Nun, da ich eine schwarzumrandete Karte von seiner Frau in den Händen halte, ist es traurige Gewißheit: Es wird keine Post mehr von meinem besten älteren Freund geben, mit dem ich eine lange Strecke des Lebens ging. Keine Nachricht, keine liebenswürdigen Zeichen der Verbundenheit.

Das wird eine Erfahrung sein, die um so mehr schmerzt, je weiter die Zeit voranschreitet. Denn es waren wunderbare Briefe eines echten Freundes.

Und echte Freunde sind kostbar. Besonders heute, da das Tempo unseres Lebens von einer gnadenlosen Beschleunigung gekennzeichnet ist. Spiegelt sich die Flüchtigkeit der Zeit nicht viel zu oft auch in der Flüchtigkeit unserer menschlichen Beziehungen?

Ehen zerbrechen leicht wie Glas, Freundschaften sind viel zu oft den Namen nicht wert, sind ein falsches Etikett, haben ihre Bewährungsprobe oft noch gar nicht bestanden.

»Jedermann will einen Freund haben, aber niemand gibt sich die Mühe, auch einer zu sein«, schrieb Alfred Kerr vor fünfzig Jahren.

Nichts ist inzwischen anders geworden. Inmitten von »Zweckverbindungen« und »Tauschhandel von Interessen« ragte unsere Freundschaft in die Brandung menschlicher Unzulänglichkeiten. Wie oft habe ich mich geschämt, wenn ich Post von ihm nicht sofort beantwortete.

*

Nun wird es keine Briefe mehr von ihm geben, also auch keine behutsame Wegweisung im Wirrwarr der Meinungen über Politik. Wie herrlich konnte er sich immer wieder über »die da in Bonn« aufregen – über das Zeitgeschehen. Wie haßte er es, wenn man immer wieder »die Gesellschaft« für alles mögliche und Unmögliche verantwortlich machte.

Wenn man auch sagt, daß erst der Verlust uns über den wahren Wert der Dinge belehrt, so war das hier doch anders: Wann immer ich einen Brief von ihm in den Händen hielt, spürte ich den Wert sofort.

Sei es der Stil, in dem seine Briefe geschrieben waren – erfüllt von einer Hinwendung an den Freund, die jedes Eigeninteresse vermissen ließ.

Sei es der Inhalt: Er konnte Undurchschaubares inmitten aller Überfülle an Informationen durchschaubar machen. Oft kannte er aus der Erfahrung seines Alters heraus den Königsweg aus einer schwierigen Situation. Es waren Briefe, die man zweimal, dreimal las.

Er wußte gleichwohl um die Wahrheit jener Worte, die Rainer Maria Rilke 1903 an einen jungen Dichter schrieb: »Die meisten Ereignisse sind unsagbar, vollziehen sich in einem Raume, den nie ein Wort betreten hat.«

So war vieles in seinen Briefen auch zwischen den Zeilen verborgen, und manchmal war die Melodie der Wörter schon die ganze Botschaft.

*

Und nun also: keine Briefe mehr und keine Telefonate mehr, und keine Gespräche auf der Terrasse seines Hauses. Kein vierblättriges Kleeblatt mehr aus seinem Garten. Kein langes Winken, wenn ich nach einem Besuch mit dem Auto davonfuhr.

Was an diesem traurigen Tag bleibt, ist das Gefühl, daß diese Welt für mich wieder ein bißchen ärmer geworden ist, und für alle anderen, denen er ein Freund war wie mir.

Jeder gelebte Tag ist in Wahrheit
ein Wunder

Gespräche in jenen Tagen, in denen ein Jahr ins andere hinüberwechselt, haben etwas Magisches, sie durchdringen die Oberfläche, sie gehen in die Tiefe, sie haben auch einen anderen Klang.

In ihnen schwingt etwas von jener dankbaren Nachdenklichkeit, die mit der Tatsache zu tun hat, daß der Zeiger auf dem Chronometer unseres Lebens wieder einen Sprung nach vorne gemacht hat.

Wir sind dankbar, weil wir mit Silvester eine Runde weitergekommen sind, es wieder einmal geschafft haben. Wir sind nachdenklich, weil wir gleichwohl wissen, daß soeben wieder ein Jahr von unserem Konto »Lebenszeit« abgebucht worden ist.

In dieser Stimmung traf ich jetzt einen Mann wieder, dessen Name vor einigen Monaten Schlagzeilen gemacht hatte: Er mußte in einem lebensbedrohlichen Zustand in eine Klinik eingeliefert werden.

Die ewig neugierigen Gazetten hatten seinen Namen plakativ gemeldet, weil er zu jenen Prominenten gehört, bei denen – mehr noch als Glanz und Ruhm – vor allem Schicksalsschläge eine Nachricht sind.

Und Krankheiten, so privat sie auch sein mögen, gehören dazu, sind dann oft sogar der Preis für Karriere und Macht.

Nun also stand er vor mir, blasser, als ich ihn je sah, schmaler, als ich ihn erinnerte, und ich bedauerte nur, nicht Genesungswünsche geschickt zu haben, weiß der Himmel, warum dieser Vorsatz damals im Strom nichtsnutziger Alltäglichkeiten untergegangen ist.

Während wir ein paar Gesprächsfloskeln hin- und herschoben und uns wechselseitig ein gutes neues Jahr wünschten, überfiel mich der Gedanke, ob ich mich nun nach seiner Krankheit erkundigen solle oder nicht.

Meinem ersten Gefühl folgend hatte ich mich dagegen gewehrt, ihn darauf anzusprechen. Dazu hätte ich kein Recht, schließlich kannte ich ihn nur aus einigen beruflichen Begegnungen, es gab kaum Privates, schon gar nichts, was mit gelebter Freundschaft zu tun hatte.

Es könnte also durchaus passieren, daß er unwirsch reagiert, abweisend gar, etwa mit dem Unterton: Erinnern Sie mich bloß nicht an die schreckliche Zeit, lassen Sie mich in Ruhe, das alles geht Sie doch überhaupt nichts an.

Dann aber gab ich mir einen Ruck und fragte ihn doch. Und das Unvermutete geschah. Er antwortete klar und so präzise, als ob er von einem fremden Geschehen sprach, nicht von seinen eigenen Schmerzen.

Alles breitete er vor mir aus: seine Gedanken beim Sturz auf offener Straße, seine Gefühle nach dem Herzkatheter, die quälend langen Tage in der Intensivstation, die mühsame Rückkehr in das »normale Leben«.

»Und merken Sie sich eins: Jeder gelebte Tag ist in Wahrheit ein Wunder. Diesen Satz schenke ich Ihnen zum neuen Jahr.«

Als ich mich später verabschiedete, meinte er noch entschuldigend, er hätte viel zu lange von seiner Krankheit gesprochen, das sei überhaupt nicht seine Art, es müsse wohl an der augenblicklichen Stimmung gelegen haben, »schon in einer Woche hätte ich Ihnen das alles nicht erzählt«.

*

Eigentlich schade, daß wir nicht immer so sind wie in diesen nachdenklich stimmenden Neujahrstagen.

Ist nicht jeder Streit eine Krankmeldung der Liebe?

•

Die Meldung war kurz. Sie besagte, daß Streit in der Ehe und in einer Liebesbeziehung durchaus gesundheitliche Störungen mit sich bringe, daß der Blutdruck in gefährliche Höhen schießen könne, daß die Gefäße beschädigt werden könnten. Das alles ist irgendwie auszuhalten, aber daß Streit gesund sei, wie die Propagandisten des »Rosen-Krieges« gerne argumentieren – das könne man nun wirklich nicht behaupten.

Sofort habe ich diese Meldung über die neuen und doch so alten Erkenntnisse der Mediziner ausgeschnitten und einer Freundin geschickt, die im Zwei-Wochen-Rhythmus zu Hause den Hexentanz aufführt.

»Ich muß meinen Ärger rauslassen«, sagte sie zu mir, »der sammelt sich an wie Gift, der macht mich sonst ganz krank.«

Sie gab zu, daß es nicht nur um Bagatellen geht, wenn zu Hause die Fetzen fliegen, also nicht nur um die Zahnpastatube, die der letzte abends nicht zuschraubt. Aber es geht eben auch oft genug um genau diesen Tuben-Wahn, um klitzekleine »Knackpunkte«, die das ganze Gebäude ins Wackeln bringen.

Als ich der jungen Frau die Frage stellte, ob nicht jeder Streit eine Krankmeldung der Liebe sei, hat sie mich ausgelacht: Ich sei ein »harmoniesüchtiger« Mensch, dem Zeitgeist entrückt. Denn dieser sei aufs Kämpfen angelegt, aufs Durchsetzen.

In langen Diskussionen haben wir uns über den Streit zerstritten. Während ich bei meiner Meinung blieb, daß jeder Streit ein Symptom dafür sei, daß etwas faul ist, beharrte sie darauf: Man muß eine Sache »durchsetzen«, ja, der Streit sei geradezu ein Elixier, zumal ihm ja bekanntlich die Versöhnung folge, und die sei meist »great« – was immer sie darunter verstand.

Mein Einwand, der vergnügliche Pendelschlag Streit, Versöhnung könne plötzlich – wie eine alte Standuhr – zum Stehen kommen, wurde von ihr kühl abgeschmettert: »Mein Mann ist noch immer zu mir zurückgekrochen.«

Doch dann erschrak sie: Das war wohl eine Freudsche Fehlleistung. Sie hatte sagen wollen: Er ist noch immer zurückgekommen.

Ein Wort gibt schnell das andere, und Worte können kleine Messer sein. Sie schneiden, daß es blutet, sie wollen treffen, verletzen, demütigen, kleinkriegen.

Wie immer, wenn »Beziehungskisten« wackeln, kommen die »Möbelrücker«: die Psychologen und Eheberater.

Sie schreiben dicke Bücher über die »neue Streitkultur« und verhelfen so dem ganzen Trauerspiel noch zu einem wissenschaftlich verbrämten Alibi, damit die Kampfhähne weiter aufeinander einhacken, ohne ein schlechtes Gewissen haben zu müssen.

Eines der beliebtesten Argumente lautet, daß derjenige, der mit einem anderen streitet, zumindest eines immer noch spürt: Ich werde noch begehrt, man ist noch an mir interessiert, ich muß nicht erleiden, was noch schlimmer ist als Streit – echolose Einsamkeit.

Als meine Freundin mich »auf Ehre und Gewissen« fragte, wieso es in meiner Langzeitehe niemals Streit gegeben hätte, kam ich für Sekunden ins Grübeln:

Ticke ich vielleicht falsch in dieser streitsüchtigen Zeit? Bin ich altmodisch, hausbacken, unfähig zu großen, leidenschaftlichen, auch kontroversen Gefühlen?

Die Antwort fand ich, als ich das Dichterwort las: Liebe ist, einen Menschen dort zu suchen, wo er ist – nicht, wo man ihn haben will.

Stimmt es, daß die Zeit die Wunden heilt?

Sie sagte am Telefon, sie sei zufällig in der Stadt, auf der Durchreise nach Mailand. Sie fragte, ob wir Zeit hätten, schließlich hätten wir uns vor Monaten zuletzt gesehen. In Wahrheit war ein Jahr vergangen. Sie wollte uns nur auf ein Glas Wein besuchen, bitte keine Umstände, das Gespräch alleine sei wichtig.

Eine Stunde später kam sie im Taxi. Sie sah älter aus, als wir sie in Erinnerung hatten. Die Zeit vergeht nicht im Stundenschlag des Chronometers, sie macht Sprünge, sie schlägt mal Kerben in dein Gesicht, und dann gibt es wieder lange Strecken, in denen sie spurlos vorbeigleitet.

*

Die Frau, die sich über unser Wiedersehen so freute wie wir, war um die Vierzig, glücklich verheiratet, wie sie einmal durchblicken ließ, als sie auf ihren Mann zu sprechen kam. Aber das war auch das einzige, was sie von sich preisgab.

Wir wußten von ihr nicht allzuviel, wir waren nur Nachbarn gewesen in der Stadt, in der sie noch immer lebt, aber es verband uns eine Sympathie, die über den flüchtigen Gruß im Hausflur weit hinausging.

Nun redeten wir über Ferienziele, beste Hotel-
adressen, Geheimtips, über das Elend mit der Politik,
über Freundschaft, wobei wir uns einig waren, daß
Freundschaft ein geheimnisvolles Land ist, voller
Schlagbäume, Schlaglöcher, Irrwege, Umleitungen.
Wohl erst am Ende einer langen Strecke wisse man
genau, wer ein echter Freund gewesen ist und wer
nicht.

Irgendwann zu später Stunde, ich weiß nicht, wieso und warum, überfiel ich sie mit der Frage, wie sie
mit dem Verlust ihres Sohnes fertig geworden sei, der
vor vier Monaten Opfer eines Verkehrsunfalls geworden war – ohne sein Verschulden.

Nun brachen alle Dämme. Sie erzählte von dem
andauernden Gefühl grenzenloser Verlorenheit, von
dem Irrtum, die Zeit würde gnädig und schnell die
Wunden heilen, von dem »Stich ins Herz«, den sie
jedesmal spürt, wenn sie an einer Schule vorbeifährt
und Kinder sieht, die so alt sind, wie es ihr Kind am
Unglückstag war – ganze zehn Jahre.

»Verzeiht mir, daß ich soviel davon rede«, unter-
brach sie sich, »aber Ihr seid die ersten, die mich in
all den letzten qualvollen Monaten danach gefragt
haben.«

Ich hatte, ich sagte es schon, die Frage intuitiv gestellt, ohne zu wissen, was ich damit beabsichtigte.
Ich hatte auch Angst, die Frau zu verletzen.

Aber dann war das Gefühl übermächtig geworden,
den Ring der Belanglosigkeiten – neue Mode, neue
Hotels, neue Rezepte, neue Bestseller – zu durchbre-

chen und ins Zentrum vorzustoßen, dorthin, wo der verborgene Schmerz war.

Als sie gegen Mitternacht ging – »ich muß morgen früh am Zug sein« –, sagte sie, es hätte ihr gutgetan, darüber zu reden. Und insgeheim wußten wir, daß sich an diesem Abend eine Bekanntschaft in Freundschaft verwandelt hatte.

Natürlich, wenn die Frau gesagt hätte, sie möchte über ihren Verlust nicht sprechen, es wäre auch gut gewesen. Aber in Wahrheit wollte sie nicht den läppischen Small talk. Einem weisen Wort zufolge ist nämlich die Trauer, die sich in einem Gespräch zwar nicht auflösen, aber doch lindern läßt, der Trauernden einziger Trost.

II.
ALLTAG — IN DEN FARBEN
DES REGENBOGENS

»Wenn ich hier rauskomme, mache ich in Zukunft alles anders«

Der Schmerz kam nach Mitternacht und urplötzlich. Er hatte sich nicht angekündigt. Es war nicht so, daß der Schmerz schon ein paar Signale im Vorfeld ausgesandt hätte, sozusagen als Ouvertüre, bevor er dramatisch die Bühne betrat. Nein, dieser Schmerz, der so anders und neu war, nicht zu verwechseln mit den alten Bekannten – mal hier ein Stich, mal da ein Ziehen –, kam mit brutaler Macht.

Der Schmerz kam zu mir, auch das hatte ich noch nicht erlebt, im tiefsten Schlaf. Er kam, das stellte ich erst später fest, als ich nach der Attacke die Lampe angeknipst hatte, um Punkt zwei Uhr.

Der Schmerz dauerte etwa eine Minute. Genaueres kann ich nicht sagen, denn er raubte mir sekundenweise den Verstand, der allein das Geschehen hätte kontrollieren und protokollieren können.

Eineinhalb Stunden später wird mich eine Ärztin fragen: »War das so eine Art Vernichtungsschmerz?« Und ich werde sofort »Ja« sagen, ohne nachzudenken.

Als die Attacke, von der ich den Eindruck hatte, daß sie mir nach dem Leben trachtete, ihren Höhepunkt erreichte, dachte ich: »Das war's denn.« Wenig später: »Wenn ich bloß hier rauskomme, mache ich in Zukunft alles anders.« Was man so denkt, wenn man überhaupt denkt. Es ist wohl eher so, daß *es* in einem denkt.

*

In der folgenden Stunde lief ich durch die Wohnung, pendelte nervös zwischen Schlaf- und Wohnzimmer, holte mir eine Aspirin, scheute mich, wieder den Schlaf zu suchen aus Angst, einer zweiten Attacke hilflos ausgesetzt zu sein.

Als interessierter Laie blätterte ich in Gesundheitsbüchern und versuchte das Kreuzworträtsel meines Körpers zu lösen – waagerecht die Symptome und senkrecht die Medikation, und was immer ich da las, es war ein Horror!

Nachts um drei – nach einem solchen Schmerz! – sollte man solche Bücher nicht lesen. Mir blieb nach der Lektüre nur eines übrig: schnellstens zum Arzt.

So fuhr ich ins Klinikum, suchte durch lange Korridore das Zimmer der Notaufnahme, wartete auf eine Ärztin, die noch einen anderen Patienten zu versorgen hatte, der sich vor Schmerzen krümmte. Angesichts eines solchen akuten Leidens fühlte ich mich schon wieder leichtgewichtig.

Und als ich dann der Ärztin schließlich gegenüberstand, schämte ich mich: Übertreibe doch nicht! Was machst du hier? Kannst du nicht bis morgen warten? Ein Stakkato von Gedanken rund um die unerträgliche Schwere des Seins.

Dann kamen Fiebermessen, EKG, Blutdruck, das

kleine Einmaleins. Und es war wie ein Schnellver-
band für die erschrockene Seele, als die Ärztin
schließlich sagte, es dürfte nichts Schlimmes sein, der
Hausarzt sollte nur noch einiges abklären, anderes
ausschließen.

*

Als ich gegen halb fünf in der Frühe durch men-
schenleere Straßen nach Hause fuhr, über dem offenen Schiebedach ein blaßblauer morgenfrischer
Himmel, der Wind drückte eine Brise herrlichster
Luft in den Wagen, wie es sie in dieser Stadt den
ganzen Tag über nicht mehr geben wird – da hätte
ich gerne noch einmal der Ärztin gedankt, die so
blaß und übernächtigt für mich da war.

Denn daß uns jemand nachts unsere Schmerzen
und Ängste nimmt, das halten wir mit unserer Voll-
kaskomentalität zwar alle für ganz selbstverständlich
– es ist es aber nicht.

»Wer nicht spurt, den rasieren wir ab«

Ich kann nichts dafür. Ich habe es nicht gewollt. Aber die Situation war so, daß ich gar nicht anders konnte: Ich mußte einfach zuhören.

Denn die beiden jungen Herren, die da in einem Hamburger Restaurant neben mir saßen, unterhielten sich so dröhnend, daß ich jedes Wort verstand.

Es ging um Probleme, die Manager haben, wenn sie die nächste Sprosse auf der Karriereleiter nehmen wollen. Aber dann stellte ich fest, daß hier ein Panthersprung verabredet wurde: Die beiden Herren waren dabei, in einem »Strategiegespräch« ihren Einstieg in eine neue Firma vorzubereiten.

Hellhörig wurde ich, als einer der beiden einen Satz sagte, der wie ein Fallbeil niedersauste. »Dann werden wir ganz langsam die Daumenschrauben anziehen.«

Der andere meinte, daß sie das doch bitte schön auf eine »zwischenmenschlichere Art« tun wollten, aber er lachte so meckernd, daß der blanke Zynismus unverkennbar war.

Der ältere Manager sagte zu dem jüngeren, er würde vorschlagen, daß er bei der ersten Konferenz sich sofort von der Sekretärin herausrufen läßt, weil angeblich irgend jemand, der noch wichtiger ist als er selber, ihn ganz dringend am Telefon verlangt – eine

Finte, ein Trick, um die Ahnungslosen mit ihren guten Verbindungen »nach oben« zu schockieren.

Die beiden blieben hartnäckig beim Thema »Daumenschrauben«, denn nun ging es darum, wie man die »Altvorderen« los wird. »Die rasieren wir einfach ab«, sagte einer der beiden. Ob nicht eine weiche Landung besser sei? fragte sein Gegenüber. »Das würde sehr teuer«, kam das Echo. »Es ist doch hirnrissig, den ganzen sozialen Firlefanz mitzumachen«, so das Echo des Echos.

Sie waren schon ganz in Vorfreude auf den nahenden Tag, da sie das Zepter der Macht und der selbstverordneten Herrlichkeit schwingen würden.

»Und du gehst mit denen, die spuren, die mitmarschieren, die keine Fisimatenten machen, abends mal ein Bier trinken«, sagte der Ältere. Er nannte auch ein kleineres Lokal, man müsse die Truppe schon am ersten Tag knapphalten und vor allem total auseinanderdividieren.

»Dann machen wir eine Liste, wer zu Konferenzen eingeladen wird und wer draußen bleibt.«

»Wunderbar, wir nabeln die einfach vom Informationsfluß ab. Dann stehen sie im Regen.«

»Wir dürfen nur keine Angst haben, wenn wir da einsteigen, die Angst müssen immer die anderen haben, und zwar von der ersten Minute an.«

Der eine verkündete nun, er würde jetzt noch drei Tage an die Nordsee fahren und sich mit Luft vollpumpen, damit er alle, die nicht in sein Konzept passen, auf der Stelle »umpusten« könne.

Ich hatte genug gehört – und ich hatte genug. Ich hatte genug von der Arroganz und Menschenverachtung, von dem bösen Pakt, der hier bei Lammkeule und Scampis geschlossen worden war.

Mit federnden Schritten verließen sie den Raum.

*

Was ich den beiden Jungmanagern wünsche: daß die beiden kleinen Chefs noch einen großen Chef haben, der sie eines Tages stoppt.

Und daß mit ihnen dann so umgesprungen wird, wie sie es vorhaben – irgendwann in dieser Woche in irgendeiner Firma in Deutschland, dem Land der sozialen Marktwirtschaft.

Brief an eine Powerfrau, die »total abgehoben« hat

Liebe Freundin, als Sie plötzlich im Frankfurter Flughafen vor mir standen und mich fragten, ob ich Ihnen Ihre Müdigkeit ansehen würde, da antwortete ich, ich würde nichts bemerken – und habe damit leider nicht die Wahrheit gesagt.

Vielleicht lag es an der abendlichen Stunde, vielleicht an einer gewissen Mutlosigkeit, gleichviel, ich verheimlichte, was ich empfand: daß Sie in dem einen Jahr, in dem wir uns nicht sahen, sondern nur ein paarmal telefonierten, eine totale Veränderung durchgemacht haben – wie nie zuvor, als Sie noch nicht »ganz oben« waren.

Und ich werde nicht den Seufzer vergessen, als auf der Anzeigetafel die »Destination« Venedig erschien und Sie leise sagten: »Warum kann ich jetzt nicht an die Lagune fliegen?« Um hinzuzufügen: »Weil ich morgen wieder eine verdammte Konferenz habe.«

Der Beruf würde Sie langsam »auffressen«, alle alten Freundschaften gerieten in Gefahr, das sagten Sie auch noch.

Nun weiß ich, daß Sie von mir keinen Trost für Ihr selbst gewähltes Schicksal erwarten. Es ist lange her, daß Sie, wie Sie mir gestanden, eine Schulter zum Anlehnen suchten. Dafür haben Sie sich in die Karriere gestürzt.

Es gelang Ihnen der Panthersprung – hinein in die Konzernzentrale, mit all den Insignien der Macht: das Fünf-Fenster-Zimmer (»Das hat hier sonst keiner«), der Panoramablick vom obersten Stockwerk auf die ganze Stadt (»Das sehe ich leider schon gar nicht mehr«), das Doppelsekretariat (»Die Mädchen müssen spuren«), das Besucherzimmer für alle, die auf einen Termin warten müssen, einige wochenlang, sogar die besten Freunde ...

Ich weiß es, denn Ihre alten Freunde haben es mir erzählt. Viele meinten sogar, Sie hätten »total abgehoben«.

Sie seien unberechenbar geworden, bei abendlichen Einladungen würden Sie die Gesellschaft mit nur einem Thema nerven – mit Ihren »erweiterten Kompetenzen«, Ihrer Durchsetzungskraft, Ihrer unermüdlichen Power.

»Power«, so wurde mir berichtet, sei jetzt überhaupt Ihre Lieblingsvokabel.

Ich will die Müdigkeit nicht dramatisieren, die Sie am Flughafen eingestanden. Das Leben geht heute nicht sehr gnädig mit den »Leistungsträgern« um.

Und daß Sie beim Aufblinken von Venedig ein sekundenschneller Traum überfiel, ist auch verständlich. Das mag jedem so ergehen, der einmal schnell ausrechnet, wo er am Abend desselben Tages noch alles landen könnte – in Rom, Istanbul, Madrid. Was ja sicher amüsanter und romantischer sein dürfte als eine weitere Konferenz mit Männern, »die es Frauen oft so schwermachen«.

Aber eines möchte ich Ihnen doch sagen: Vielleicht sollten Sie sich um Ihre alten, guten, bewährten Freunde, die Sie schon hatten, als Sie noch keine Karriere gemacht haben, mehr kümmern.

*

Freunde gehören nicht ins Wartezimmer. Sonst werden Sie schmerzlich feststellen, daß mit Power zwar alles mögliche zu gewinnen ist, nur eines nicht: Liebe und Freundschaft, die das Herz umhüllen und mehr beschützen als jede noch so tolle Position im Spiel der Macht.

Sechzig Watt in der Lichterkette der Hierarchie

Als ich sein Zimmer betrat, spürte ich sofort, daß etwas vorgefallen war. Man sieht das am Gesichtsausdruck eines Menschen, an seiner Haltung, man merkt es an der Stimme, an der Art, wie er sich eine Zigarette anzündet, an irgendeiner Kleinigkeit.

In seinem Fall war es die Haltung: Er blieb sitzen, reichte mir erschöpft, aus dem Sessel heraus, die Hand, bat mich, Platz zu nehmen. Er wirkte kraftlos und traurig.

*

Dann erzählte er mir, daß er wegen einer dringenden Familienangelegenheit seinen Chef sprechen wollte, vor Tagen schon. Er war natürlich nicht sofort durchgestellt worden. Er gehört ja nicht zu den Wichtigen, deren Namen man nur nennen muß, und schon ist die Verbindung da.

Er gehört allerdings auch nicht zu den Namenlosen des großen Betriebes, er ist also weder ein »großes Licht« noch ein »kleines Licht«, nicht hundert Watt und auch nicht fünfundzwanzig, sagen wir: sechzig.

Bei sechzig Watt in der Lichterkette der Hierarchie müßte es eigentlich möglich sein, in einem Notfall den Chef zu erreichen. Und die Sekretärin, genauer:

die Chefsekretärin, hatte ihm auch in dem ihr eigenen Pluralis-Majestatis-Stil zugesagt: »Wir rufen gleich zurück.«

So traute er sich den lieben langen Tag nicht aus seinem Zimmer, nicht einmal eine Runde um den Häuserblock zur Mittagszeit genehmigte er sich. Vielmehr harrte er aus, bei jedem Klingeln dachte er, nun sei es endlich soweit – Irrtum!

Den nächsten Tag ließ er verstreichen – die hochmögenden Herren da oben im Manager-Olymp haben schließlich den Druck der Termine, ihre hundert Watt müssen unaufhörlich strahlen.

Am dritten Tag schließlich wagte er einen zweiten telefonischen Anlauf, weil das Problem, das ihn quälte, auch durch die Zeit, die angeblich alle Wunden heilt, nicht zu lösen und nicht zu heilen war.

»Wir haben Sie nicht vergessen, Sie stehen auf der Liste schon ganz oben, bitte gedulden Sie sich«, hieß es, nun schon etwas ungeduldiger als bei seinem ersten Anlauf.

Dabei blieb es. Danach kam nichts mehr. Er dachte: Das kann doch nicht sein, daß auf Weihnachtsfeiern, Geburtstagen, Jubiläen, bei Festen aller Art von den »offenen Türen« geredet wird, die in der Etage der Macht und der Herrlichkeit »immer für Sie offenstehen» – und dann doch verschlossen bleiben.

»Irgendwie fühle ich mich jetzt plötzlich wie eine Nummer«, sagte er nun. Er habe sogar mit dem Gedanken gespielt, einfach nach oben zu fahren und sich dort aufzuhalten, bis der Herr Direktor einmal

über den Korridor geht. »Aber so ein Überfall wäre
wohl auch nicht richtig gewesen.«

Das Ende vom Lied, das sich hierzulande wohl
täglich zehntausendfach wiederholt: Er bleibt mit
seinem Problem allein, und der Chef hat ein Problem weniger, weil der Trick mit den drei Worten
»wir rufen zurück« wieder einmal fabelhaft funktionierte.

*

Natürlich hat das nichts zu tun mit Nächstenliebe
und Menschenwürde, aber das hat auch niemand be-
hauptet.

Vom Unvermögen,
offen miteinander zu reden

Das Gespräch liegt ein paar Tage zurück. Ich hatte einen Freund gebeten, sich in einer Angelegenheit, die mir wichtig war, vermittelnd einzuschalten.

Er hatte es versprochen, das Telefonat war schon fast zu Ende, als ich noch die Frage nachschob, wie es ihm ging. Und da stoppte plötzlich unser Dialog, wie ein Zug, der auf den Gleisen ins Halten gekommen war.

Ich spürte, daß er zögerte, mir die Wahrheit zu sagen – obwohl es doch nur an der einen Sekunde zu erkennen war, die diese Unterbrechung dauerte.

Dann verriet er mir, daß er gerade beim Arzt gewesen sei, irgend etwas mit der Bauchspeicheldrüse sei nicht in Ordnung.

Damit dürfe man nicht spaßen, sagte ich – was man so sagt, wenn man als medizinischer Laie kaum eine Ahnung hat.

Nur: Bauchspeicheldrüse, das ist sicher kompliziert, bedrohlich gar, nichts, was man im Stehen abmacht.

»Es wird schon werden«, hörte ich ihn, seine Stimme klang matt, aber dann bäumte er sich doch noch einmal auf: »Unkraut vergeht nicht.« Nun lachte er sogar.

Ein paar Tage später, als mich meine Frau eher

beiläufig fragte, ob ich Neues gehört hätte, dachte ich wieder an meinen Freund – und rief ihn an.

Und dieses Gespräch führte mich zu einer ganz anderen Form der Krankheit, die nichts mit Drüsen zu tun hat, aber sehr viel mit unserer Unfähigkeit, unvoreingenommen miteinander zu sprechen.

Denn auf meine Frage, wie heute sein Befinden sei, meinte er nur kurz, es ginge ihm schon wieder besser, um dann – sehr schnell, schon hastig – hinzuzufügen, er hätte »in der betreffenden Angelegenheit« einen Brief geschrieben.

Die Sache, die mir so am Herzen lag, würde sich bestimmt mit seiner Hilfe regeln lassen.

Nun erwiderte ich, beinahe beschwörend, daß dies nicht der Grund meines Anrufes sei, daß ich vielmehr wirklich nur wissen wollte, ob er es gepackt habe; was die Ärzte ihm geraten hätten – was man eben wissen will, wenn ein Freund in Not ist.

Er gab mir die Auskunft, nicht, ohne nochmals darauf hinzuweisen, daß er wirklich tätig geworden sei, wofür ich ihm dankte, um dann den Hörer mit dem traurigen Gefühl auf die Gabel zu legen, daß es sogar in einer Freundschaft schwer ist, nicht mißverstanden zu werden.

Denn die Angelegenheit, die mir vor ein paar Tagen wichtig, inzwischen aber unwichtig geworden war – diese Angelegenheit war in keiner Sekunde der Grund meines neuen Telefonats gewesen.

Aber er konnte sich das nicht vorstellen. Er witterte sogar in meiner Frage nur einen Vorwand, von ihm etwas über seine Unterstützung für mich zu hören.

*

Oh, wie ich sie hasse: diese Gespräche mit dem doppelten Boden.

Man sagt das eine, man meint das andere. Man schiebt irgend etwas vor, während man eigentlich etwas anderes erfahren will.

Haben wir uns nicht alle so sehr daran gewöhnt, daß wir uns gar nicht mehr vorstellen können, daß es das auch noch gibt: das uneigennützige Gespräch, wie ich es soeben suchte, und das leider wieder total entgleiste.

Wenn Baumschutz
vor Menschenschutz geht ...

»Hier bei Ihnen ist es aber dunkel«, sagte ich zu der älteren Dame, als ich in ihre kleine Wohnung im zweiten Stock eines Mehrfamilienhauses eintrat – eine spontane Bemerkung, völlig unüberlegt, eigentlich nur ein Reflex auf das, was ich sah – oder besser: nicht sah.

Wer legt solche banalen Worte schon auf die Goldwaage? Die Sprengkraft meiner Feststellung überraschte mich dann aber doch.

»Ja, Sie haben recht, ist es nicht schrecklich«, erwiderte die Frau, ehe sie mit kurzen Schritten ans Fenster trat, um mit einer unbestimmten Geste nach draußen zu weisen, die ich sowohl als Resignation wie aber auch als Zeichen eines Aufbegehrens werten konnte.

»Schauen Sie nur, die Bäume vor der Tür, die wachsen und wachsen. Seit Jahren kämpfe ich darum, daß sie einmal gekappt werden, damit wenigstens ein bißchen Licht in mein Zimmer fällt, aber bisher vergebens.«

Sie ließ den Arm sinken: »Ein Nachbar prozessierte auf Teufel komm raus, da kann man nichts machen.«

Inzwischen habe sie sich mit ihrem Schicksal abgefunden; wenn ihr Mann noch leben würde, sei

vielleicht alles anders, aber der sei vor drei Jahren gestorben; als ältere alleinstehende Frau habe man heute ja ohnehin nicht viel zu melden, und beim Um-
weltschutz sei sowieso »der Ofen aus«.

Die Tatsache, daß sie sich der Trostlosigkeit ihrer
dunklen Wohnung plötzlich wieder bewußt geworden war, ließ sie um Jahre älter erscheinen, gleichsam
von einer Sekunde zur anderen.

So etwas geschieht hin und wieder, wenn alle Hoffnung aus dem Leben gewichen ist.

Sie setzte sich auf das Sofa, servierte den vorbereiteten Kaffee und Kuchen, die Stehlampe warf ein
fahles Licht auf den Tisch, obwohl draußen eine
gleißende Septembersonne noch einmal sommerli-
che Strahlen über arm und reich schickte, nur eben
nicht zu jener Dame, die sich nun als Umweltopfer
bezeichnete, für das der »Ofen aus« sei.

Sie wiederholte diesen Satz, wie es Menschen, die
verbittert oder ohnmächtig sind, gerne tun.

Früher sei sie wenigstens einmal im Jahr nach Rimini gefahren, »Sonne tanken für ein ganzes Jahr«.

Aber damit wäre es nun auch vorbei, das Alter, das
unentrinnbar und leise uns von den anderen trennt,
habe nun auch sie überwältigt.

Wir sprachen davon, daß vor ihrem dunklen Haus
gerade Betonpfeiler errichtet worden sind, um den
Verkehr zu beruhigen. Nun habe sie beobachtet, daß
seither die Luft noch giftiger geworden sei, weil der
Verkehr nicht mehr »fließt«.

In München hätten Ärzte sogar Alarm geschlagen,

weil in den beruhigten Zonen die Rettungswagen oft nicht schnell genug durchkommen. »Schlechte Luft und keinen Sonnenstrahl, ich lebe wie in einem Gefängnis.«

*

Als ich später einem Arzt von meinem Besuch bei der älteren Dame berichtete, meinte er nur zornig: »Wie wird unsere Gesellschaft in ein paar Jahren aussehen, wenn schon heute Baumschutz vor Menschenschutz geht?«

Die Frage, so wie sie vom Arzt gestellt worden war, enthielt zugleich die Antwort: eine Horrorvision.

Was wissen wir, wie es in der Seele eines Menschen gerade aussieht, wenn wir mit ihm sprechen

Es war vor ein paar Tagen, ich besuchte spontan einen Kollegen in einer Redaktion. Wir hatten uns seit »Ewigkeiten« nicht gesehen, da wird es eine Menge zu erzählen geben, Gutes und Schlechtes, wie das Leben so spielt.

Wir begrüßten uns mit einem lauten »Hallo, alter Junge!«, ja, wir sagten es beide gleichzeitig. Dann brachte die Sekretärin auch schon den Kaffee »mit zwei Stück Zucker«, sie wußte es noch, dabei waren Monate ins Land gegangen.

Aber unser Gespräch, von dem ich hoffte, es würde überquellen vor Neuigkeiten und Reflexionen, so wie es früher immer war, wenn wir uns trafen, wollte diesmal nicht so richtig in Fahrt kommen.

Zwar beantwortete er meine Fragen, er hörte auch zu, was ich zu berichten wußte, und doch: Es war, als hätte sich eine Glaswand zwischen uns geschoben.

Ist das noch der Freund aus alten Tagen? Hatte ich etwas Falsches gesagt? Ich war irritiert über unser sich mühsam dahinschleppendes Gespräch, konnte den Grund aber nicht entdecken.

Mein Freund hatte inzwischen die neuesten Tickermeldungen überflogen, die zumeist nichts anderes sind als die Addition des Schreckens und der Schmerzen dieser Welt.

Jetzt schob er mir eine Eilmeldung herüber, die besagte, daß es in Ägypten ein Erdbeben gegeben habe, aber »nur zwanzig Sekunden« lang.

Dann brachte ein Bote den Stapel neuer Meldungen. Wieder lag eine Nachricht aus Kairo obenauf, da war schon von Toten die Rede, die genaue Zahl stünde allerdings noch nicht fest.

Plötzlich sagte er leise mit einer Stimme, die aus weiter Ferne zu kommen schien: »Entschuldige, ich mußte die ganze Zeit an meine Tochter denken.«

Nun erinnerte ich mich wieder daran, daß er seine verheiratete Tochter in Kairo im Frühling besucht hatte, »sie wohnt dort in einem vierzehnstöckigen Haus, auch nicht so lustig in einer solchen Situation«.

Als ich mich kurz darauf verabschiedete, konnte ich noch hören, wie er das Sekretariat bat, doch möglichst schnell eine Verbindung nach Kairo herzustellen.

*

Eine kleine Begebenheit nur – und doch verbirgt sich dahinter die Frage, wieso wir eigentlich glauben, daß jeder Mensch zu einem unbelasteten Small talk fähig ist, nur weil wir ihn gerade besuchen?

Was wissen wir, wie es in diesen Augenblicken in der Seele eines Menschen aussieht, was ihn gerade bedrückt, womit er sich herumschlägt oder plagt, wenn wir bei ihm – noch dazu unangemeldet –

plötzlich auftauchen oder ihn am Telefon überfallen?

Wir wissen nichts. Absolut nichts. Wir vermuten immer nur die totale Gesprächsbereitschaft. Hätte mir mein Kollege die Meldung aus Kairo nicht gezeigt, ich wäre von dannen gezogen in dem – irrigen – Gefühl, daß es zwischen uns nicht mehr so ist, wie es einmal war.

Als ich am nächsten Tag von fast fünfhundert Toten hörte, rief ich ihn an, erfuhr, daß seine Tochter im schwankenden Hochhaus unter dem Türrahmen die Horrorsekunden überstanden und dann die Flucht angetreten hatte. »Es geht ihr gut, Gott sei Dank.«

Und ich? Ich fühlte mich erleichtert, den wahren Grund dafür erfahren zu haben, daß unser Gespräch diesmal so sehr an der Oberfläche entlanggeglitten war.

»Have a nice day« –
wie eine Melodie fürs Gemüt

Liebe Freundin, waren Sie einmal in Key West, standen Sie mit tausend anderen Menschen am Ufer, um den orangeroten Feuerball zu sehen, wie er am Horizont ins dunkle Meer hinabgleitet, als sei er weggezaubert?

Und wurden Sie dann nicht selbst verzaubert, durch jene andächtig schweigende Stimmung, die wir in unseren Kirchen höchstens noch bei einer weihnachtlichen Christmette erleben? Wäre Ihnen in Hemingways Town am Südzipfel Amerikas ein solcher grandioser Sonnenuntergang jemals beschieden, Sie hätten mich nicht gestern am Telefon gefragt, ob sich meine Reise »wirklich gelohnt« habe.

Sicher, Sie meinten damit die Zeitverschiebung, den Klimaschock, den elfstündigen Flug mit diesem irren Eingesperrtsein in dem stählernen Käfig, allem Service lächelnder Stewardessen zum Trotz. Und ich rechnete, törichterweise, andere Banalitäten dagegen auf: die Bäder im 24 Grad warmen Atlantik, die Märztage, die in Florida heller sind als die schönsten Julitage auf Sylt, und vergaß dabei doch das Wichtigste zu erwähnen, das nichts mit Wetter oder Klima zu tun hatte, aber sehr viel mit der menschlichen Natur.

Wie so oft im Leben ist auch diesmal das Wichtigste etwas ganz Alltägliches: Es ist das menschliche Miteinander, das so überrascht und beglückt. Du gehst beispielsweise zum Supermarkt, flinke Hände verpacken die Waren, freundliche Helfer fahren sie zu deinem Auto, sie wünschen dir einen Tag, der »nice« sein möge oder »great«, ob sie nun einen Dollar bekommen haben oder nicht.

Das sind doch bloß Floskeln, hundertfach ausgespuckt, wie von einem Automaten, überhaupt nichts wert, typisch amerikanische Oberflächlichkeit – ich kenne Ihre Einwände nur zu gut, liebe Freundin.

Und doch sage ich Ihnen: Diese »have a nice day«-Melodie hat mich durch die Wochen getragen wie ein Luftkissen, wenn schon nicht für die Seele, so doch fürs Gemüt: weil der Kontrast so groß ist zu dem oft so griesgrämigen, mürrischen Gehabe bei uns, diesem weitverbreiteten »Haben wir nicht und kriegen wir auch nicht wieder rein«-Gefühl.

Ich denke da beispielsweise an jenen Gastwirt, der laut Münchner Zeitungsschlagzeilen vom letzten Sommer am Wochenende immer darum betet (!), daß es vom Himmel gießen möge, weil er dann seinen Biergarten geschlossen halten kann, wegen »Personalmangel« (bei Millionen Arbeitslosen!) – grotesker geht es doch wahrlich nicht.

Wenn ich dagegen am Strand eines Hotels in Palm Beach ein Plakat sehe, das die Gäste darum bittet (!), sie mögen so freundlich sein (!), dem Bademeister zu erlauben (!), daß er ihnen die Liegestühle herrichtet, dann zeigt das gleich zweierlei: Es gibt eine Höflich-

keit, die einfach wohltut, und es gibt einen Bademeister – bei uns mußten Freibäder ja schon geschlossen
werden, weil niemand für diesen Job zu finden war.

Wenn Jahr für Jahr Millionen Deutsche ins Ausland reisen (oder soll ich sagen: flüchten?), dann
doch nicht nur, weil uns eine eingeborene Sehnsucht
nach Süden und in die Sonne treibt.

Uns treibt auch eine leider unerfüllte Sehnsucht
nach der Leichtigkeit im Miteinander. Wir wollen
uns endlich einmal loslösen von kleinkarierten Que-
relen, von den Stereotypen unserer Politiker. Als ich,
nach vier Wochen zurückgekehrt, im Radio als erstes
das quälende Wort »Pflegeversicherung« hörte, da
wußte ich: Deutschland, das schwierige Vaterland,
hat mich wieder.

Ich hoffe deshalb, liebe Freundin, Sie verzeihen
mir meinen Lobgesang auf diesen Teil des amerikani-
schen Lebens, der mit dem Dienen und der Höflichkeit zu tun hat.

Was tut ein Vater
nicht alles für seine Tochter

Zwanzig Jahre mögen vergangen sein, seit ich ihn zuletzt gesehen habe. Jetzt stand er plötzlich vor mir. Ich erkannte ihn auf Anhieb, was ihn erfreute, ja beglückte – er hatte immer Angst vor dem Älterwerden. Zu hören, daß er sich »gar nicht verändert« habe, war für ihn mehr als ein Kompliment, es war Medizin.

Wir ließen, wie beim Schnelldurchlauf eines Videos, die Bilder der gemeinsamen beruflichen Jahre noch einmal Revue passieren, fragten nach diesem und jenem Freund, sprachen auch über die Chefs, und nun kam ein Leuchten in sein Gesicht: »Stell dir vor, ich habe gerade ein Wunder erlebt.«

Dabei war dieses Wunder nichts anderes als ein Telefonat – eine Bagatelle. Seine Tochter lebt in New York, sie ist um die dreißig und hatte den Vater gebeten, ob er ihr bei der Suche nach einem neuen Job behilflich sein könnte, er hätte doch Beziehungen aus früheren Jahren.

So wählte er die Nummer seines alten Chefs, höchst ungern, denn der Kontakt war seit den siebziger Jahren abgebrochen, »nicht einmal Weihnachtsgrüße hatten wir ausgetauscht«, auch war er nicht gerade der Liebling des Chefs gewesen, eher ein aufmüpfiger, vielleicht sogar widerborstiger Mitarbeiter.

Aber was tut ein Vater nicht alles für seine Tochter?

Der Chef war natürlich nicht zu sprechen. Wo denn der Schuh drücke, wollte die Sekretärin wissen, die den Boß im Olymp der Macht noch immer mit den liebenswürdigsten Worten abschirmte.

Es ginge um seine Tochter, um einen Kontakt in New York, die Jugend brauche Chancen, was sie daraus dann macht, das sei ihre Sache, aber einen Fuß in die Tür zu bekommen ... also, wenn der Chef einmal ein gutes Wort einlegen könnte, wäre er dankbar.

Wann immer das Telefon in den nächsten Tagen läutete, hoffte er, aber der Chef ließ nichts von sich hören.

Kein Wunder, so harmonisch war die Beziehung, so problemlos war die Zusammenarbeit ja nun wirklich nicht gewesen. War es nicht überhaupt zuviel verlangt, nach zwanzig Jahren mit einer so privaten Bitte zu kommen?

Aber dann, o Wunder, hätte es heute doch ein Echo gegeben. Nein, der hochmögende Herr war leider nicht selbst am Apparat, aber immerhin teilte ihm die Sekretärin mit, »in New York sei alles klar«, die Tochter müsse dort nur noch anrufen, und sie nannte auch die Nummer in Manhattan.

So war er, der Chef, so war er immer: präzise, direkt, effizient, ein Mann der Tat, nicht der vielen Worte, der halbleeren Versprechungen, schon gar nicht der Gefühle, der »Seelengespräche«.

Aber immerhin muß er doch gespürt haben, daß

so ein alter Kumpel aus uralten Zeiten nicht ohne
Grund ein kurzes SOS funkt.

Und nun war der Mann vor mir glücklich, und ich
konnte mir aussuchen, was mehr wog: die Tatsache,
daß er ein Vater ist, der von München aus immer
noch etwas im fernen New York für seine Tochter erreichen kann – oder der Umstand, daß der Chef sich
an ihn noch erinnerte, »denn vergessen zu sein, das
ist das Schlimmste, das ist, als ob du aus dem Spiel
des Lebens herausfällst«.

»Dann machen wir noch den Doppler«

Hinterher fiel mir die schöne Geschichte von Karl Valentin ein, der eines Tages zum Arzt ging und ihn mit Worten überfiel, die den ganzen Jammer eines kranken Menschen widerspiegeln:

»Herr Doktor, mein Magen tut weh, die Leber ist geschwollen, die Füße wollen nicht so recht, die Kopfschmerzen hören nicht auf, und wenn ich von mir selbst reden darf: Ich fühle mich auch nicht wohl.«

In einer ähnlichen Stimmung, wenn auch nicht mit solchen Symptomen, suchte ich den Doktor auf, die Untersuchung nahm ihren Lauf, das Wichtigste wurde sofort erledigt, »nur bei einer Sache müssen wir noch genauer nachschauen«, sagte mein Arzt. Kein schöner Satz.

Er bat über die Sprechanlage die Helferin, daß sie mir für morgen einen Termin geben möge, »dann machen wir noch den Doppler«.

Ich zuckte kurz zusammen, denn vom »Doppler« hatte ich, ein mittelmäßig gebildeter Hypochonder, noch nichts gehört.

Ich fühlte nur: Doppler klingt seltsam, Doppler ist nichts Einfaches, sicher etwas doppelt Gemoppeltes.

Zu Hause angekommen, stürzte ich mich auf eines

meiner Gesundheitsbücher, schlug unter dem Buchstaben D nach – und konnte eine leichte Enttäuschung nicht verhehlen.

Denn beim Doppler handelte es sich um nichts anderes als um ein Gerät, mit dessen Hilfe Engstellen im Adersystem aufgespürt werden können – die Erfindung eines Wiener Physikers gleichen Namens.

Der Patient in mir, der nach der Doppler-Offerte kurzzeitig gedacht hatte, ein ganz exklusiver Patient zu sein, mußte nun erkennen, daß es mit einem simplen Ultraschallgerät durchaus schon sein Bewenden hatte.

Aber da der Arzt nebenbei von der Möglichkeit einer leichten Hypertonie gesprochen hatte, blätterte ich weiter, suchte das entsprechende Stichwort – und ein Schwall von Angst überfiel mich.

Über dreißig Seiten wurden in dem Lexikon, das doch auf Kürze angelegt ist, meinem (möglichen) Leiden gewidmet: Bluthochdruck in schwerer Ausprägung könne die letzte Station vor einem Herzinfarkt sein.

Nun gab es kein Halten mehr. Ich verschlang jede Zeile. Erst neugierig, dann mit Widerwillen, schließlich mit Entsetzen.

Die Lektüre glich einer Achterbahnfahrt. Erst die Furcht: wegen der Zigaretten; dann ein Hoffnungsschimmer, weil ich nur selten Kaffee trinke; dann das total schlechte Gewissen: zu wenig Bewegung und kaum Sport; dann plötzlich eine unglaubliche Sicherheit wegen meiner guten Cholesterinwerte; dann

Angst: wegen meiner Unsitte, alles nachzusalzen, das sei von allen Übeln eines der schlimmsten.

Am Schluß der Hypertonie-Horrorschau gab es doch noch einen Bonbon: Sollten Vater und Mutter keinen Herzinfarkt erlitten haben, stünden meine Chancen wieder etwas besser.

Ja, ja, die guten alten Gene, wozu die nicht doch noch nütze sind.

Bei dieser aufwühlenden Lektüre hatte ich nicht gemerkt, daß meine Frau ins Zimmer getreten war. »Du siehst so verwirrt aus, fühlst du dich nicht gut?«

»Du wirst lachen, ich fühle mich wirklich miserabel, was ich lese, macht mich total krank.«

»Ich glaube, du mußt wirklich zum Arzt, du liest zuviel über Dinge, von denen du nichts verstehst«, sagte sie und verschwand.

Dabei wollte ich doch eigentlich nur wissen, was es mit dem »Doppler« auf sich hat.

Ein Versäumnis,
das sich nicht wettmachen ließ:
Der Chef vergaß die Sekretärin

Als er den Fahrstuhl betrat, der ihn in den obersten Stock des Firmengebäudes bringen sollte, in den Olymp, war ihm zumute, als würde für Sekunden der Boden unter seinen Füßen schwanken.

Der Gedanke, der Korb könnte mit ihm in die Tiefe rasen, überfiel ihn urplötzlich. Geheimnisvoll, was sich in solchen Augenblicken im Gehirn abspielt, da die Nerven aufs äußerste gereizt sind.

Dabei geschah nichts Überraschendes, vielmehr war alles sorgfältig geplant. Der Termin für seinen Abschied nach fünfzehn Jahren im Betrieb stand seit Wochen fest, auch hatte er seiner Frau versprochen, cool zu bleiben.

Während er nach oben fuhr, rechnete er blitzschnell aus, daß er in dem »großen Konferenzraum«, in den der Chef geladen hatte, mindestens zweitausendmal um all das gerungen hatte, was in seiner Verantwortung als Abteilungsleiter lag.

Er war in seiner Arbeit durchaus »eigenständig«. Aber wenn er spät abends in seinen Wagen stieg, hatte er doch eher das Gefühl, eingezwängt zu sein, gefesselt an Abläufe, an Strategien von Marketing und Werbung. Die Kurven des Umsatzes glichen oft den Fieberkurven eines Schwerkranken. Das fräste Spuren auch in sein Gesicht.

Nun stand er, zwanzig Minuten vor dem 18-Uhr-Termin, in dem weiten leeren Raum; er schaute auf die Bilder, deren Motive er zum erstenmal bewußt wahrnahm. Er muß hier wirklich immer nur einen Blick für die Zahlen gehabt haben.

Wer wird zu seiner letzten Vorstellung kommen? Werden es fünfzig sein, wie er anhand der hausinternen Telefonliste nachgezählt hatte, werden es weniger sein, wer wird ihn schneiden, sich die »Heuchelei der Zeremonie« ersparen, so wie er es früher manchmal tat, wenn ein anderer ging?

Schon begann das Defilee der Mitarbeiter, das Händeschütteln, Schulterklopfen. Ein Maskentanz, dachte er, während der Chef ihn lobte. Dann seine Erwiderung: Den vorbereiteten Text ließ er in der Tasche, er mochte nun doch nichts Vorgestanztes aufsagen, vielmehr die Worte frei schweben lassen, wie es ihm sein Gefühl eingab. Er schloß mit einem Dank an seine Mitstreiter, die er einzeln ansprach.

*

Als er später, das Büfett war schon eröffnet, seine Sekretärin suchte, konnte er sie nicht entdecken. Er wollte von ihr hören, wie seine Rede »angekommen« sei. Sie würde es ihm ehrlich sagen, sie war seit fünfzehn Jahren seine wichtigste Stütze in der Firma. Sie hatte ihm Mut gemacht, wenn die »Herren da oben« mit ihm Schlitten fuhren, sie war Trösterin bei Niederlagen, sie organisierte Feste, wenn es seine Triumphe zu feiern galt.

»Ihre Sekretärin ist nach Ihrer Ansprache sofort gegangen«, sagte ein Kollege mit Spott in der Stimme.

Da fiel ihm siedendheiß ein, daß er sie bei seinem Dank an seine Mitstreiter total vergessen hatte:

Fünfzehn Jahre Treue und keine Worte des Dankes, das wäre selbst dann nicht zu »reparieren«, wenn er ihr jetzt hundert rote Rosen hinterherschicken würde. Manche Versäumnisse lassen sich beim besten Willen nicht mehr wettmachen.

*

P.S.: In deutschen Vorzimmern wirken Millionen Sekretärinnen, die Ähnliches hoffentlich nie erleben müssen.

Brief an einen Mann,
der den Sonntag haßt

Lieber Freund, ich denke, ich sollte noch einmal auf Ihre Worte zurückkommen, die bei unserem letzten Gespräch eher beiläufig fielen. Es war zwar nur ein Satz, um genau zu sein, aber ich habe ihn noch immer im Gedächtnis, er war so voller Trotz und Melancholie.

Vielleicht erinnern Sie sich selbst schon gar nicht mehr daran, gleichviel, es klang wie ein Stoßseufzer Ihrer Seele: »Ich hasse diesen Sonntag, da ist die Welt so leer.«

Nun weiß ich aus unseren vielen Gesprächen, aber auch aus meinen Beobachtungen, daß Ihr Managerleben ein einziges Rennen ist, von Termin zu Termin, an jeder Ecke lauert ein neues Problem.

Hinzu kommt, daß heute nichts mehr so einfach und so glatt verläuft, wie es einst war, der Druck der Geschäfte hat zugenommen. »Und sonntags kann man niemanden erreichen, auch das noch«, hatten Sie hinzugefügt.

*

Den meisten Menschen ist der Sonntag heiß ersehnt, endlich ein Tag ohne Pflichten, ein Tag »für sich allein«, für die Familie, die Freunde. Der Sonntag ist für sie der blitzende Edelstein im Collier der Tage.

Für die anderen, zu denen Sie gehören, ist dies ein Leidenstag, sie fühlen sich abgeschnitten von der Welt, die sie nur ertragen können, wenn »etwas los ist«. Der hämmernde Rhythmus des Alltags ist ihre Melodie, sogar eine Ameisengeschäftigkeit ist für sie erträglicher als Stillhalten, Langeweile gar.

Das beste Rezept ist sicher, diesen Tag wie einen Logenplatz des Lebens bewußt zu genießen: Wir können alles noch einmal überschauen, was in der Woche durch uns und mit uns geschehen ist, können es einordnen, bedenken, bewerten, ehe wir wieder an den Start gehen, Rückschau und Vorschau zeitgleich nebeneinander.

*

Was nun Ihre Angst vor der Leere des Tages angeht, lieber Freund, so sollten Sie die Langeweile, die sich bei Ihnen einschleicht und der Sie nichts abgewinnen können, in der äußerlich verordneten Ruhe auf sich wirken lassen – und annehmen.

Es gibt einen alten chinesischen Fluch: »Mögen die Götter dich dazu verdammen, in ein interessantes Zeitalter hineingeboren zu werden.« Man kann nicht pausenlos intensiv leben, ohne dafür einen Preis zu zahlen.

»Eine gewisse Fähigkeit, Langeweile zu ertragen, ist sogar unerläßlich zu einem glücklichen Leben«, schreibt Bertrand Russell, »alle großen Bücher enthalten langweilige Stellen, und die Lebensläufe aller

Großen weisen öde Strecken auf. Kant soll sich nie weiter als zehn Meilen von Königsberg entfernt haben. Darwin lebte, nachdem er von einer Weltreise zurückgekehrt war, bis zu seinem Tode ruhig zu Hause. Eine Generation, die keine Langeweile zu ertragen vermag, wird eine Generation von kleinen Leuten sein.«

In diesem Sinne sollten Sie nicht klagen, daß »die Welt an diesem Tag so leer ist«.

Denn dieser Tag vermag etwas, das kein anderer Wochentag kann: Er gibt uns Auskunft über unser seelisches Befinden, er ist wie ein Test, der uns verrät, was Körper und Herz wirklich brauchen.

Horchen Sie also ruhig einmal ganz tief in sich hinein.

III.
Die Seele
MUSS BERÜHRBAR BLEIBEN

Wer sind die hundert wichtigsten Menschen in Ihrem Leben?

Auch wenn wir es in den dunklen Wochen kaum glauben wollten: Es gibt sie, diese Sommersonnenferientage mit flirrendem Licht, einem hochgewölbten Himmel, mit fröhlichen Menschen rundum, vom Kellner beim Frühstück bis zum Barmixer am Abend, in deren Gesichtern sich das Glücksgefühl spiegelt, diesen Tag erleben zu dürfen, ganz einfach Weltenkind zu sein, die Schönheiten zu genießen, pure Lebensfreude.

*

An einem dieser seltenen Tage mochten wir uns vom Strand nicht lösen, fast alle anderen Menschen waren schon gegangen, die Strandkörbe eingeklappt. Wir hatten längst alle Zeitungen gelesen, das Transistorradio war in der Badetasche verstaut, »es gibt keine Musik, die zu dieser herrlichen Stimmung paßt«, meinte meine Frau, eine leise Ermahnung.

»Morgen dürfen wir nicht vergessen, unseren Freund in Tel Aviv anzurufen«, sagte sie nun.

»Wie könnte ich seinen Geburtstag vergessen«, antwortete ich, etwas gereizt, da wir doch beide wissen, was er uns bedeutet.

Und plötzlich war der Gedanke da: Schreiben wir

doch einmal die Namen all jener Menschen auf, die in unser Leben auf irgendeine Weise eingegriffen haben, die für uns wichtig waren, denen wir etwas sein konnten, ohne die mit Sicherheit alles anders verlaufen wäre.

»Das wird ja eine endlose Liste«, sagte ich.

»Dann schreiben wir nur hundert Namen auf«, schlug meine Frau vor.

Was nun geschah, wurde zu einer spielerischen Zwischenbilanz des Lebens.

Wer aber gehörte in diesen »Club der Hundert«?

Also: Vater und Mutter, die Geschwister, auch die Großeltern, klarer Fall. Es dauerte nicht lange, da hatten wir jedoch weit über hundert Namen. Aber nun begann erst der eigentliche Reiz: Wer war »würdig«, unter der Prämisse, »unser Leben irgendwie beeinflußt zu haben«, in dem Club zu bleiben?

*

Da ergab sich Erstaunliches. Nicht nur der allmächtige Chef, der mich beförderte, gehörte dazu, auch der unscheinbare Mitarbeiter im Büro zwei Zimmer weiter, der mich rechtzeitig vor einer bösen Intrige gewarnt hatte. Nicht nur der Vermieter, der in den fünfziger Jahren so gnädig war, aus hundert Bewerbern um die heißbegehrte Wohnung gerade uns genommen zu haben, war unvergessen, sondern auch die Nachbarin, die sofort einen Krankenwagen holte, als es um Leben und Tod unseres Kindes ging.

Wie leicht kann man bei einer solchen Gedankenreise in die Vergangenheit jemanden vergessen.

Bis die Dämmerung hereinbrach, hatten wir Namen notiert, wieder verworfen, wir wollten ja bei hundert bleiben. Als wir dann die Liste analysierten, kamen wir darauf, daß eigentlich nur Menschen verzeichnet waren, die unsere Herzen zu bewegen vermochten, viele auch darunter, die nicht mehr unter uns sind.

Der ganze Reichtum des Lebens, hier war er versammelt. Tausend Erinnerungen stiegen auf. Das waren sie: die großen Verwöhner, die Hilfesuchenden, die Ratlosen, die immer Fröhlichen, die Traurigen, die knallharten Entscheider, ein menschliches Kaleidoskop in schillernden Farben. Und die Bestätigung der Erkenntnis, die wir dem Philosophen Buber verdanken: »Alles menschliche Leben ist Begegnung.«

*

Vielleicht wagen Sie heute auch einmal das Spiel »Club der Hundert«. Und genießen Sie dieses Gefühl, bescheiden zu werden im Gedanken daran, was andere Menschen im Laufe des Lebens für Sie getan haben. Es wird Sie, wie meine Frau und mich, dankbar machen, vielleicht sogar demütig.

Wenn unversehens ein guter Nachbar auszieht

Plötzlich war alles anders. Nicht, daß die Welt aus den Angeln gehoben wurde. Nicht, daß ein Unfall geschah, der die eigene Befindlichkeit schmerzhaft veränderte. Nicht, daß aus der Familie einer anrief, der Schreckliches zu vermelden hatte. Nein, nichts von alldem, was wie ein Fallbeil niedersaust, war soeben geschehen.

Und doch war plötzlich alles anders, sekundenschnell wechselte die Szene, die eben noch so für die Dauer gemacht zu sein schien, als ich im Treppenhaus meinen Nachbarn traf.

»Ich weiß nicht, ob Sie es schon gehört haben: Wir ziehen Ende des Monats aus«, sagte er beinahe entschuldigend, während ich mit einem Stoßseufzer reagierte: »Das ist ja schrecklich!«

Zugegeben, das war eine höchst egoistische Reaktion, denn warum sollte der Wohnungswechsel »schrecklich« sein?

Er würde jetzt gen Süden ziehen, er käme mit dem Klima nicht zurecht, seine Frau hätte ihn in dem spontanen Beschluß bestärkt. »Die paar Jahre, die uns noch bleiben«, wollten sie nicht in der »deutschen Eiseskälte« verbringen, womit er diesmal allerdings nicht das Wetter meinte, sondern das »menschliche Klima« hierzulande.

Ob ich auf einen Schluck hereinkommen wolle, fragte er mit jener leisen Freundlichkeit, die ich nicht vergessen werde. Dann könnte er mir ja auch gleich meinen Wohnungsschlüssel zurückgeben; er hatte ihn gut ein Jahrzehnt in Verwahrung gehabt.

*

Ein Nachbar geht – was hatte ich ihm nicht alles zu verdanken? Er hatte mindestens tausendmal meinen Briefkasten geleert, die Blumen gegossen, wenn ich auf Reisen war, die liebenswürdigen Hilfen eines Menschen, der nach dem Wortsinn ein »nebenbei Wohnender« ist.

Und war ich länger unterwegs, ging er auch alle drei, vier Tage einmal kurz durch die Wohnung, seit es einmal Wasserschaden gab, denn er hatte, was kein anderer im Haus unter all den Fremden sonst hatte: mein Vertrauen.

So eine unauffällige Nachbarschaft, wo ist sie anzusiedeln? Sie ist – neben dem Vertrauensbeweis – ein herrlich schwebender Zustand in einem Niemandsland zwischen Anonymität und Freundschaft.

Wenn wir lesen müssen, daß Menschen erst nach Tagen – manchmal sogar erst nach Wochen – tot in ihrer Wohnung gefunden wurden, dann spüren wir etwas von der erschreckenden Einsamkeit, die leider in den Wohnblöcken »zu Hause« ist.

Und lesen wir von den Prozessen, bei denen sich Nachbarn gegenseitig traktieren – heute so oft wie nie zuvor! –, dann weiß man um so besser die »Nähe in der Distanz« zu schätzen.

Als er mir nun den Schlüssel gab, den er ganz hinten im Kleiderschrank versteckt hatte – »ich hab' ihn gehütet wie meinen Augapfel« –, da überfiel mich Traurigkeit: Wie sehr wird er mir fehlen! Er schien es zu bemerken, denn nun sagte er durchaus selbstbewußt: »Ich wünsche Ihnen jetzt nur noch eines: daß Sie wieder einen so guten Nachbarn bekommen.«

Das war ein Satz, der wie ein Schatten ins Zimmer fiel. Ich hätte ihm wirklich häufiger danken müssen.

*

Gute Nachbarschaft ist heute längst nicht mehr die selbstverständlichste Sache von der Welt, sondern ein Geschenk, ein Glück und darum meist ein kleines Wunder.

Die Sache mit dem Onkel, die ist schön

Denke ich an meinen Onkel, öffnen sich sofort einige Seiten aus dem Bilderbuch der Kindheit. Helle, wunderschöne Seiten. Kinder ohne Onkel sind arm dran.

Mein Onkel kam selten zu uns nach Berlin. Und er kam immer von weit her. Zuletzt, es war schon gegen Kriegsende, kam er aus Kopenhagen.

Er brachte von dort Nachrichten vom bald verlorenen Krieg, die wir 1944 nicht hören sollten. Und er hatte Schokolade im Koffer, die viel süßer, viel feiner war als jene, die wir hin und wieder auf Bezugsschein kaufen konnten.

Jedesmal fand eine »kleine Entführung« statt, denn mein Onkel führte mich ein in die Welt der Großen.

Sein liebstes Medium war das Varieté, der Berliner »Wintergarten«, die absolute Spitze.

Mein Onkel war nobel: Wir hatten die besten Plätze. Ein Onkel, der sich nicht um die besten Plätze kümmert, ist gar kein richtiger Onkel. Meine Mutter mußte zu Hause bleiben, er wußte als guter Psychologe: Kinder müssen den Onkel mal für sich ganz allein haben. Onkel haben eine »Verschwörermentalität«.

Dann kam, Jahre später, ein Brief. Mein Onkel bat darin, ich sollte ihn nun nicht mehr Onkel nennen.

Nur bei seinem Vornamen. Spätestens in diesem Augenblick wußte ich: Die Kindheit war vorüber.

Heute würde man sagen: Jetzt war »Partnerschaft« angesagt. Aber wie geht das eigentlich, wenn über zwei Jahrzehnte an Lebenserfahrung dazwischen liegen?

*

Mein Onkel hat es geschafft, mich nie spüren zu lassen, daß er vom Leben so viel mehr wußte als ich. Das ist so etwas wie die Hohe Schule der Verwandtschaft.

Ein Onkel ist kein Vater, auch kein Großvater, er steht eher etwas seitlich. Ihm ist, um es im Manager-Deutsch zu sagen, der »direkte Zugriff« auf das Kind versagt. Aber was will das schon heißen? Die ersten Ballettratten habe ich jedenfalls mit meinem Onkel gesehen.

Daß ich die erste Zigarette nicht von ihm angeboten bekam, hatte sicher nur damit zu tun, daß er so weit weg war, in Kopenhagen eben. Das war eine Stadt, die für uns in Berlin eigentlich gar nicht existierte, hochmütig, wie wir in der »Reichshauptstadt« waren.

Mein Onkel liebte die Natur. Er verbrachte seine freien Tage sogar dann an der Ostsee, wenn keine anderen Menschen da waren: im frostklirrenden Winter. Er war genau besehen der erste »Grüne«, der in mein Leben trat. Weil er von Natur gar nicht genug kriegen konnte, malte er sie auch noch in Pastell.

Ich weiß gar nicht, ob das Wort Onkel ein so schönes Wort ist, das Eigenschaftswort ist es bestimmt nicht: Onkelhaft will keiner sein, nicht mal mein Onkel. Zu seiner Ehre sei es gesagt: Er ist es auch niemals gewesen. Er war einer, der sogar über sich selbst lachen konnte, was heute so selten ist.

Ja, Kinder, die keinen Onkel haben, die sind arm dran. Ich kann nur sagen: Mein Onkel aus Kopenhagen hat sich mit großer, schöner Schrift in das Tagebuch meines Lebens eingeschrieben. Und wann immer ich darin blättere, ertappe ich mich bei dem dummen Gefühl, mich niemals so richtig bei ihm bedankt zu haben.

Aber so sind sie eben, die Neffen – ein Wort, das übrigens auch nicht schöner ist. Doch die Sache mit dem Onkel, die ist schön. Hoffentlich haben Sie auch einen.

Die Aussteigerin – eingeholt vom Alltag auf Mallorca

Wie klein die Welt ist. Da steht sie plötzlich vor mir, in einer kleiner Galerie in Palma de Mallorca. Sie lächelt, wie sie damals gelächelt hat, vor zwei Jahren in Hamburg. Ich weiß es genau, denn sie tat mir damals für wenige Minuten sehr leid.

Sie wurde von ihrem Chef mit Befehlen und Beschimpfungen traktiert, die er ihr durch die offene Tür zurief, nicht ahnend, daß draußen schon ein Besucher wartete.

Ich erinnere mich daran, wie sie mit den Schultern zuckte, eine rührende Geste der Hilflosigkeit. Sie wollte mir damit zeigen, daß bei ihrem übellaunigen Chef heute sicher schwer etwas zu erreichen sei.

Und nun diese Verwandlung: Ich sehe nicht mehr die gescholtene, ohnmächtige Sekretärin in ihrem schmalen Büro im fünften Stock eines Hochhauses, direkt neben der Kaffeeküche, Fenster zum Hof, kaum Tageslicht, und wenn doch, dann meist grau in grau – ich sehe jetzt vielmehr eine junge Frau, die das flirrende Sonnenlicht des Südens jeden Tag zu umarmen scheint.

»Ich konnte es damals nicht mehr aushalten. Der Chef mit seinen ständigen Launen, das ewige Sturmtief der Nordsee, das die Seele plattdrückt, dazu die Intrigen in der Firma, der Neid der Kollegen« – sie unterbricht das Stenogramm der deutschen Sorgen plötzlich: »Warum erzähle ich Ihnen das eigentlich alles, so gut kennen wir uns ja gar nicht?«

*

Wann immer ich in der nächsten Zeit beim Stadtbummel an ihrer Galerie vorbeiging, riskierte ich einen Blick durch die Jalousie, neugierig, wie der Alltag einer Aussteigerin aus Hamburg-Eppendorf hier so verlaufen mag.

Was mir auffiel, war zum ersten, daß sie unglaublich viel telefonierte. Ja, ich sah sie eigentlich ständig mit dem Hörer in der Hand.

Dann bemerkte ich, daß sie, je schneller sich die Saison dem Ende näherte, das kleine freche Schildchen »Bin gleich zurück« immer öfter an die Tür hängte. Kein Vorwurf, ich kann ja verstehen, daß man ein bißchen in der Sonnenlotterie des Lebens mitspielen will, wozu arbeitet man auf Mallorca, wenn man das Beste versäumt?

Und schließlich will ich mein Erstaunen über eine Tatsache nicht verbergen, die mir das größte – das allergrößte – Rätsel aufgab: In den fast drei langen Wochen habe ich nicht einmal auch nur einen Kunden in der Galerie gesehen.

Verständlich, daß ich einen Tag vor meinem Abflug doch noch einmal bei ihr reinschaute und sie mit der etwas respektlosen Frage überraschte, ob ihr Alltag hier nicht doch reichlich langweilig sei.

Irgendwie muß ich ihren Nerv getroffen haben, vielleicht sah die Aussteigerin ihr Leben plötzlich aus einem neuen Blickwinkel. Gleichviel, sie antwortete mit dem verräterischen Satz, »daß die Sonne nicht alles im Leben ist«. Das sei ihr in den beiden letzten Jahren klargeworden. »Und Hamburg ist ja schließlich auch nicht so schlecht.«

*

In den Illustrierten stehen immer so tolle Geschichten von Mädchen, die in den Urlaub fahren und dann einfach dort bleiben, wo andere Leute Ferien machen.

Von denen aber, die zurückkehren, spricht keiner. Die Legende muß am Leben bleiben. Doch am Ende der Saison, wenn alles abbröckelt, sieht eben alles ganz anders aus als zu Beginn. Und das ist hier genauso wie im richtigen Leben.

»Was für ein Mensch war mein Vater wirklich?«

Als er den Hörer auf die Gabel gelegt hatte, mußte er für einige Minuten innehalten, zu groß war der Schock. Er bewegte sich nicht von der Stelle. Seine Frau, die im Nebenzimmer war, fragte ihn, ob eine schlimme Nachricht gekommen sei, aber er verharrte weiter im Schweigen.

Dabei hatte sie nur ein paar Gesprächsfetzen gehört. Ja, er würde selbstverständlich kommen. Nein, er habe nichts gewußt, nicht einmal etwas geahnt.

Ihm sei nur aufgefallen, »daß der Vater etwas blaß um die Nase war«, damals, als er ihn zuletzt vor ein paar Wochen traf. Aber blaß sah er ja oft aus, um diese graue Jahreszeit sowieso.

Mein Gott, wie schnell die Zeit vergeht – und nun dies.

Die Nachricht besagte, daß ein Kollege aus längst vergangenen Zeiten gestorben war und daß der Sohn ihn bat, auf der Trauerfeier ein paar Worte zu sprechen.

»Stell dir vor«, sagte er zu seiner Frau, »der Sohn hat doch wirklich gesagt, die Familie würde den Vater höchstens zur Hälfte kennen, er sei vom Beruf ja regelrecht aufgefressen worden. Und wenn er spät abends nach Hause gekommen ist, war er zu müde, um noch viel zu erzählen.«

Der Mann, von dem ich hier berichte, begann nun herumzutelefonieren. Er wollte bei den Weggefährten aus jenen Jahren, in denen das legendäre Wirtschaftswunder aus dem Boden gestampft wurde, Erkundigungen einholen: Wie war der Verstorbene wirklich? Was zeichnete ihn aus? Welche Schwächen machten ihn liebenswert?

*

Das Material für seine Trauerrede war dann, trotz vieler Gespräche, gleichwohl spärlich ausgefallen, bedenkt man, daß es nicht um Jahre, sondern um Jahrzehnte ging.

Alle waren sich einig, daß der Verstorbene ein »prima Kumpel« gewesen war, der in den Elendsjahren nach 1945 noch seine letzte Chesterfield teilte; ein Pfundskerl, der immer ohne zu klagen einen Schlag zulegte, wenn Not am Mann war; der einmal – unvergessen von vielen – laut aufmuckte, als der Chef einen Kollegen öffentlich demütigte.

Und doch war es erstaunlich, ja erschütternd, wie ein voll ausgelebtes Büroberufsleben, wie eine Karriere, die über viele Sprossen langsam nach oben führte, wie das ganze Auf und Ab mit Beförderungen und Niederlagen in der Rückschau zusammenschnurrt zu ein paar Vokabeln, Sentenzen und einer Handvoll Anekdoten.

Was konnte er der Familie darüber hinaus berichten, die doch endlich einmal hören wollte, wie Vater

»wirklich« war, wie er in der »Mondlandschaft des Berufes« (so der Sohn) zurechtkam.

So blieb, nach Sichtung der Recherche bei den alten Kollegen, nur die eine Botschaft übrig: daß der Vater trotz aller Mühen, Entbehrungen, Strapazen, Widerborstigkeiten in seinem Beruf sehr glücklich gewesen sei. In der Trauerrede wurde dann auch die Begründung gesagt, in den Worten des Dichters Antoine de Saint-Exupéry, der geschrieben hat, daß wir uns selbst ein Gefängnis bauen, wenn wir nur für Geld und Gewinn arbeiten.

»Geld ist nur Schlacke und kann nichts schaffen, was das Leben lebenswert macht. Die Größe eines Berufs besteht vor allem anderen darin, daß er Menschen zusammenbringt. Denn es gibt nur eine wahrhafte Freude: den Umgang mit anderen Menschen.«

*

Und diese Freude entzieht sich großen Worten, die muß man einfach erleben.

Grausame Shorts,
die shorter sind als short

Ein vergilbter Stahlstich fällt mir in die Hände, eine unwirkliche Szene fesselt meine Aufmerksamkeit: Ich sehe den Hamburger Jungfernstieg um die Jahrhundertwende. Ich betrachte einige wenige Damen und Herren, exzellent gekleidet, die um die Binnenalster spazieren – ein Bild voller Ruhe, Schönheit, Eleganz. Haben meine Großeltern wirklich so gelebt?

*

Welch ein schmerzhafter Kontrast zu dem, was sich mir heute darbietet, wenn ich durch unsere Straßen gehe, wo einem Scheußlichkeiten zuhauf – in der Architektur, in der Mode, in der Aggressivität der Dichtgedrängten – begegnen und zu ertragen sind.

Sicher, man soll vergangenen Zeiten nicht nachtrauern, zumal dann nicht, wenn man sie nur aus Folianten, alten Fotos und Filmen kennt.

Das wäre zu einseitig und verkennt all das, was es damals an trostlosen Häßlichkeiten selbstverständlich auch gab.

Doch auf der Höhe des Sommers sind die Entkleidungskünstler, die Ich-bin-ich-Darsteller wieder zu Tausenden unterwegs, eingekleidet in grausame Shorts, die shorter sind als short, in Unterhemden, in

Badeanzügen, die eigentlich Badeauszüge heißen müßten.

Ich stehe vor dem Petersdom, starre auf die Heerscharen von Touristen, die in das Gotteshaus drängen. Ein Schild ermahnt die Besucher, sich der Würde des Hauses entsprechend bedeckt zu halten, aber die Hemmschwelle ist bei vielen selbst an diesem Ort auf Null gesunken.

Was Würde ist, bestimmen wir, und hat Gott mich nicht so geschaffen, wie ich nun einmal bin?

Ob die Halbnackten in Rom, ob die Totalnackten bei uns im Englischen Garten in München – in der alljährlichen Pro-und-Contra-Diskussion will keiner auf der Seite stehen, die als vorgestrig, unmodern, intolerant oder gar – das Schlimmste, das Kainsmal – als prüde gelten.

Natürlich finden sich auch bei den Liberalen um jeden Preis irgendwo Grenzen. »Von einem nackten Kellner auf dem Schwabinger Boulevard bedient zu werden, das könnte ich mir dann doch nicht vorstellen«, gibt einer immerhin zu.

Aber daß es Menschen gibt, die der Anblick Halbnackter auf unseren Straßen stört, das bedarf der Argumentation. Denn selbstverständlich ist das Selbstverständliche in unseren Zeiten schon lange nicht mehr.

In Kurorten an der italienischen Riviera wurden Bikinis verboten, man könne »den Anblick der Wampen im Straßenbild nicht länger ertragen«, erklärten die Bürgermeister.

In Venedig wurden erstmals leichtbekleidete Touristinnen zu Geldstrafen verdonnert. Keineswegs aus moralischen Gründen, wie betont wurde, sondern aus rein ästhetischen Überlegungen.

Und in Kitzbühel haben Geschäftsleute Schilder ins Fenster gehängt: »No shirt, no service.«

Denn langsam spricht es sich herum, daß es auch eine »Umweltverschmutzung fürs Auge« gibt, die – bei aller Freiheit – nicht mehr jeder so einfach hinnehmen will.

Wo ist eigentlich das Lob geblieben?

Können Sie mir eigentlich sagen, wo das Lob geblieben ist? Haben Sie gestern noch eines gehört? Oder ist es aus Deutschland verschwunden, vertrieben von mürrischen Chefs, keiner weiß es. Sicher scheint nur zu sein, daß das Lob zu einer kostbaren Rarität geworden ist.

Und sicher ist vor allem, daß die Menschen nach Lob dürsten: Immerhin gaben 83 Prozent aller Männer und 84 Prozent aller Frauen bei einer großen Meinungsumfrage zu Protokoll, daß sie ein – leider viel zu seltenes – Lob für eine gute Arbeit als allerhöchstes Kompliment empfinden. Der Befund signalisiert ein seelisches Vakuum gigantischen Ausmaßes.

Es muß sehr schwierig sein, Lob zu spenden, sonst würde es öfter geschehen, noch dazu, weil nach einem Sprichwort »Lob nichts kostet«, in die Kosten-Nutzen-Rechnung der Betriebe also gar nicht einfließt.

Ein Chef, den ich jetzt auf dieses aktuelle Thema ansprach, sagte mir, ihm grause schon vor den nahenden Betriebsweihnachtsfesten, weil ihn dann in weinseliger Stimmung Mitarbeiter am Ärmel zupfen, um Gehaltserhöhungen anzumahnen – oder auch nur, um einen lobenden Zuspruch einzufangen.

Dabei wissen wir alle: Lob ist nicht abrufbar, ist

nicht einklagbar, ist – ähnlich wie die Liebe, mit der sie derselbe Wortstamm verbindet – auf Kommando nicht zu haben; und das ist gut so und macht erst seinen Wert aus.

Aber die Umfrage zeigt, daß Chefs hierzulande dazulernen sollten.

»Füttere uns mit Lob wie junge Vögel, die gute Tat, die ungepriesen bleibt, würgt tausend andere, die sie zeugen könnte«, rief schon William Shakespeare aus. Wir sehen, der Schrei nach Lob ist uralt.

Das Wichtigste ist, dem berechtigten Geltungsbedürfnis jedes Menschen »Rechnung zu tragen«, was natürlich nicht auf Spesen geht, um das mindeste zu sagen.

Man kann dabei den großen Menschenverführern über die Schulter schauen, beispielsweise Talleyrand, der verriet: »Der erste Mensch, vor dem ich morgens den Hut ziehe, ist mein Türhüter.«

Dieser Diplomat wußte, wie man miteinander richtig umgeht; kein Wunder, daß er auf dem Wiener Kongreß 1814/15 meisterhaft für die Interessen Frankreichs agierte.

*

Neben der natürlichen Höflichkeit, in der immer ein gutes Stück Respekt verborgen ist, scheint das Gebot der Freundlichkeit ebenso schwer erfüllbar zu sein. »Wer nicht imstande ist zu lächeln, braucht gar nicht erst seinen Laden zu öffnen«, wußte man schon im alten China — aber weiß man es auch bei uns hier und heute?

Daß ein Lob nur dann wirkt, wenn es echt ist, versteht sich von selbst. Es hat nichts zu tun mit falschen Komplimenten, von denen in einer herrlichen Anekdote über Mark Twain berichtet wird, der bei einem exklusiven Abendessen zur Gemahlin eines Gouverneurs sagte: »Wie schön Sie sind, Madame.« Die Dame nahm das Kompliment geschmeichelt auf, entgegnete aber trotzdem boshaft: »Wie schade, daß ich von Ihnen nicht dasselbe sagen kann.« Mark Twain darauf zielsicher: »Machen Sie es doch wie ich, gnädige Frau: Lügen Sie!«

*

Hüten wir uns also, Schmeicheleien für bare Münze zu nehmen. Geben wir ein unechtes Lob nicht als Falschgeld in Umlauf. Fragen wir uns aber auch, was uns eigentlich hindert, anderen Lob zu zollen, wenn sie es verdient haben. Zumal doch der Aphorismus gilt, daß es im allgemeinen schwerfällt, den, der uns bewundert und dies auch sagt, für einen Dummkopf zu halten.

»Es gibt kein problematisches Kind, nur problematische Eltern«

Vor Jahren habe ich von meinem Enkel Philip berichtet, in dessen Herz ich mich einschmeichelte, indem ich ihm bei einem Besuch als großzügiger televisionärer Großvater »Glotze satt« erlaubte.

Aber was war seine TV-Süchtigkeit von einst für eine harmlose Herausforderung gegenüber jener, mit der jetzt seine Eltern konfrontiert werden: Philip wollte endlich ein Moped haben.

In der »Schlacht«, die nun die Familie durchtobte, hatte der Vater eine raffinierte Strategie entworfen: Der Fünfzehnjährige durfte während der Osterferien in den Vereinigten Staaten den Junior-Führerschein machen, auch ein paarmal mit der Blechkutsche um den Block fahren – und sollte dafür bis zum 18. Geburtstag Ruhe geben an der Moped-Front.

Aber weit gefehlt. Zurück in München, umstellt von Freunden, die fast alle mit dem Knatterding zur Schule rauschen und am Wochenende den totalen Freizeitspaß mit den auch noch frisierten Dingern haben, hatte Philip den Trick durchschaut.

Beim morgendlichen telefonischen Lagebericht signalisierte meine Tochter die Fortsetzung des Moped-Krieges, denn jetzt begann das zähe Drängeln, das Quengeln, das Herumjammern – der totale Nerventanz. Ob Sport, Mathematik, Ferien, jedes Thema mündete unerbittlich bei der alles entscheidenden Frage: Wann kriege ich endlich das Ding?

Philip hat dann, geschickt wie er ist, die Eltern getrennt »bearbeitet«. Die Mutter sagte, für Technisches sei Vater zuständig, Vater schob den Schwarzen Peter sofort zurück. Das funktionierte aber nur eine kurze Zeit.

Irgendwann war es ihm endlich gelungen, in die elterliche Front doch eine Bresche zu schlagen. »Wenn du bereit bist, einige Punkte zu akzeptieren«, murmelte der erschöpfte Vater in einer schwachen Stunde, dann wäre denkbar, daß ...

Mit einem Jubelschrei informierte Philip nun seine Mutter, Vater sei dem Vorbild der Politiker gefolgt — und »umgefallen«.

Was jetzt noch fehlte, war ein Vertrag. Mit Datum und Unterschrift. Nicht rechts-, aber familienverbindlich. Kein Moped bei Schnee, Glätte und Regen — und wann es regnet, bestimmen die Eltern. Keine Fahrt in die Stadt, nur im Vorort. Mopedsperre ohne Wenn und Aber, wenn es die Eltern anordnen. Begründung nicht nötig.

Da erwachte der Stolz meines Enkels, er erhob sich zur ganzen Größe seiner 182 Zentimeter. Ein Knebelvertrag? »Nicht mit mir.« Grünwald sei doch nicht Versailles. (In Geschichte ist er tatsächlich gut.)

Im übrigen habe er schon bei den Fernsehverboten erlebt, daß es sowieso immer auf die Kleinen gehe. Deshalb bestand auch bereits die Gefahr, daß ich wegen meiner damaligen televisionären Noblesse in die

Verhandlungen eingeschaltet werden sollte, sozusagen als Schlichter.

Bis gestern Entwarnung kam. Der Junge und wir alle wollen ein schönes Pfingsten haben, meldete die Tochter sehr kleinlaut. Als ich ihr erzählte, was der berühmte Erzieher Alexander S. Neill einmal schrieb, lachte sie auch noch: »Es gibt kein problematisches Kind, es gibt nur problematische Eltern.«

So könne man das auch sehen, sagte sie noch. Und hängte auf.

Wenn der Funke
der Liebe überspringt ...

Der Tag mag sein, wie er will, sonnig und heiter oder dunkel und mit Wolken verhangen, wir mögen müde sein, hellwach, munter oder traurig, die Weltlage mag schief sein oder gerade, die Erde voll von Hiobsbotschaften, irgendwie lenken wir irgendwann unsere Schritte irgendwo hin – und dann geschieht es ...

Wir hätten auch ganz woanders sein können in dieser Minute, die nun so wichtig wird, und wir werden später sagen, daß das »Schicksal« mit im Bunde war. Und so sind wir nun hier und schauen in ein Paar Augen, in ein Lächeln, wenn wir Glück haben.

Alle unsere Sinne werden sekundenschnell wach, wir sind, während wir senden, gleichsam auf Empfang, weil wir spüren, daß etwas Wunderbares im Entstehen ist – die Liebe ist da.

*

Natürlich wissen wir nicht, wie wir mit diesem Gefühl umgehen müssen, weil sein Wesen nicht die Vergleichbarkeit ist, sondern die Einmaligkeit, ähnlich der hochgespannten Stimmung bei einer Premiere. Wir kennen das Stück nicht, das nun beginnt, und wissen schon gar nicht, wie es enden wird.

Die Liebe kennt keine Voranmeldung, sie gibt keine Visitenkarten ab, sie kommt vielmehr meist unscheinbar daher und will behutsam angenommen werden, obwohl sie – Babys kurz nach der Geburt vergleichbar – viel stärker belastbar ist, als wir meinen.

Denn die Liebe erträgt in Wahrheit alles: den mutigen Angriff, die schüchterne Annäherung, das raffinierte Werben, das Zupacken, die Zärtlichkeit. Nur eines erträgt sie nicht: daß nichts geschieht. Man muß die Gelegenheit buchstäblich beim Schopfe packen.

Aber dann beginnt sofort die große Verzauberung. Wie in einem Vexierbild erscheint die Welt völlig neu: andere Farben, Töne, Gedanken, Träume und Taten.

Das Bedeutende am Beginn einer Liebe ist ihr prägender Charakter – wenn hier etwas schiefläuft, wenn neben Enttäuschungen und Tränen auch noch seelische Verletzungen hinzukommen, dann kann das ein Schaden sein, von dem man sich nur schwer wieder erholt.

Das Schönste am Beginn der Liebe ist, daß sie einem als Geschenk erscheint. Sie ist nicht zu erzwingen, zu kaufen, zu manipulieren. Sie ist ganz da – oder gar nicht. Die plötzliche Nähe zu einem Menschen, der gestern noch ohne Bedeutung, ja nicht einmal sichtbar war, verwandelt uns.

Dieser Mensch kann Fehler haben, er kann ganz anders sein und auch aussehen, als wir ihn uns erträumt haben, nur eines muß geschehen: Der Funke muß überspringen.

Und der Gedanke, daß diese Liebe morgen zu Ende sein könnte, daß sie im Streit zerbricht oder langsam vor sich hinstirbt? Dieser Gedanke ist höchstens als eine Angst für kurze Momente in dir, der Preis für das Glück, das von außen so unbeschwert erscheint.

Dem einen gelingt es, die Liebe festzuhalten, dem anderen entgleitet sie wieder. Aber selbst hierbei geschieht Wundersames: Sogar diesen Verlust, schmerzhaft wie kaum ein anderer, möchte niemand missen. Die Erinnerung bleibt kostbar. Denn eine echte Liebe, die ernsthafte Zwillingsschwester der leichtfüßigen Verliebtheit, ist von dem Gefühl bestimmt, daß eigentlich alles erst begann, als der geliebte Mensch kam.

Ist es nicht ein Armutszeugnis, daß die Menschen oft unfähig sind, etwas so Schönes festzuhalten und zu bewahren?

Auf dem Friedhof der Wörter –
die Kunst des guten Gesprächs

Es war eine nachdenklich stimmende Stunde, die ich jetzt am Tegernsee erlebte, ein Gespräch mit einem etwa fünfzigjährigen Mann, der mich fragte, ob er mich ein Stück begleiten dürfe. Aber es wurde kein Gespräch – es war der Aufschrei einer vereinsamten Seele.

Weil er seit Tagen mit keinem Menschen so richtig habe reden können, erzählte er mir seine Lebensgeschichte, seine Probleme mit Beruf, Frau, den Kindern, während wir am dezembergrauen See entlangliefen.

Ich lauschte ihm, denn wann entfaltet sich ein fremdes Schicksal so unvermutet und so offen wie in jenen Augenblicken, da ein Mensch nur einen Wunsch hat: sich einmal mitteilen zu können.

Er sprach mit einer Ausdauer, die mich zunehmend in Erstaunen versetzte, was er dann plötzlich bemerkte, um sich mit einem »Vergelt's Gott, hoffentlich habe ich Sie nicht zu sehr belästigt« zu verabschieden.

Meine Gedanken kamen von diesem ebenso freundlichen wie traurigen Mann nicht los, dem es anscheinend schwerfiel, seinen Auftritt in dem Kommunikationszirkus unserer Tage zu haben.

Denn natürlich haben wir, wie keine Generation

zuvor, die Möglichkeit, miteinander ins Gespräch zu kommen. Mit Telefon, weltweit, wenn es sein muß. Mit Auto, Bahn und Flugzeug können wir auftauchen, wo immer wir es wollen – und sind nicht überall Menschen, die Sehnsucht nach Zuwendung und Kommunikation haben wie wir selbst?

Doch dann lesen wir in Umfrageergebnissen, die beängstigend klingen: daß beispielsweise heute in einer normalen Ehe die Partner am Tage – zusammengerechnet – nur noch acht bis zehn Minuten ernsthaft miteinander reden. Von der Sprachlosigkeit vieler Väter, die angeblich keine Zeit und keinen Zugang zu ihren Kindern mehr finden, ganz zu schweigen.

Und auch die Inflation der Bücher, die uns die Sprache der Liebe neu erklären wollen, die vortäuschen, »Mißverständnisse« entschlüsseln und beheben zu können, ist ein gefährliches Indiz.

*

So gehen wir gleichsam auf dem Friedhof der Wörter spazieren, weil uns die Kunst des intensiven Gesprächs abhanden gekommen ist, die vor allem darin besteht, sich in einen anderen Menschen hineinzuversetzen und ihm ganz genau zuzuhören.

Von Mark Twain heißt es, er sei zu spät zu einem Souper gekommen, er entschuldigte sich bei der Dame des Hauses mit den Worten: »Sie müssen verzeihen, Gnädigste, daß ich erst jetzt komme, aber ich war noch genötigt, meine alte Tante umzubringen, ehe ich mich zu Ihnen auf den Weg machen konnte.«

Eine Ungeheuerlichkeit, gewiß, aber die Gastgeberin lächelte nur: »Natürlich verzeihe ich Ihnen, lieber Freund, so etwas kann doch jedem einmal passieren.«

So anekdotenhaft diese Geschichte klingt, so traurig ist sie. Wenn Rede und Gegenrede kein gleichwertiges Wechselspiel mehr sind, wenn das Echo ausbleibt, wenn nur noch Blabla mit kleinster Münze getauscht wird, dann macht sich Einsamkeit schnell breit.

Wir haben heute ja gerne alles leicht. Zigaretten und Bier zum Beispiel. Aber »Gespräche light«, die gibt es eben leider nicht. Die sind nur »Kommunikation« – und so sehen sie auch aus.

Als eines Abends auf Ibiza das Laster um die Ecke bog ...

Oh, wie ich sie bestaune und bewundere: jene Menschen, welche die Nabelschau zur Maxime ihres Lebens erhoben haben und denen das Kunststück gelungen ist, frei von Lastern zu sein.

Ich traf jetzt zufällig ein Dutzend von ihnen, gleichsam als gebündelte Tugend, zum Ausklang eines grandiosen Sommers in geselliger Runde versammelt – ausgerechnet auf Ibiza, das jahrelang als neuzeitliches Sündenbabel durch die bunten Blätter geisterte.

Da saßen sie im Schatten einer weitgespannten Markise: die Braunen und die Schönen und die Ewig-Jungen (und doch waren alle längst über dreißig). All ihre Gespräche kreisten unermüdlich um die Frage: Wie macht man es, daß man weiter so braun und schön und vor allem so unverschämt knackig bleibt?

Die Rezepte, die man austauschte, waren von solch gnadenloser Unerbittlichkeit, daß kein Arzt es wagen würde, sie jemals einem Patienten anzudienen, geschweige denn zu verordnen.

Wenn ich alles richtig verstanden habe, dann geht die Tortur schon morgens mit Stretching, Walking oder Jogging los. Dann gibt es ein Müsli- oder Körnerfrühstück. Ballaststoffe, wenn es sonst schon keinen Ballast in diesem Leben gibt.

Und dann, bitte schön, Wasser, Wasser und nochmals Wasser. Während eine Powerfrau sagte, es müßten zwei Liter am Tag sein, schwor die andere, fünf Liter zu trinken: »Erst dann wird die Haut so richtig saftig.«

Die Ehrlichkeit gebietet zu erwähnen, daß all die durchgestylten, trainierten und massierten Supermenschen an diesem Abend wirklich an nichts anderem nippten als an jenem Mineralwasser, dessen Zauberkraft ungeheuer sein muß. Also: kein Faustino-Wein der Insel, kein Champagner aus Reims, keine Zigarren, keine Zigaretten, keine Kartoffelchips.

Während unten in Ibiza-Stadt das Leben tobte, wurde hier auf der Terrasse »eine neue Stufe des Bewußtseins« beschworen, die man nur mit Entbehrungen erreichen könne.

Aber dann geschah Unvorhergesehenes: Die Runde der Enthaltsamen wurde durch zwei Freunde aufgeschreckt, die mit der provozierenden Frage »Was gibt's hier zu trinken?« nur einmal kurz vorbeischauen wollten.

Als die beiden Männer spürten, daß sie unter die Körnerfresser und Wassertrinker gefallen waren, wollten sie sich mit einem »Hier ist es aber verdammt trist« schnell wieder von dannen schleichen.

Doch da hatten sie die Rechnung ohne jene forsche Dame zu meiner Linken gemacht, die nun – von soviel Lebenslust angesteckt – aus ihrer Handtasche eine Packung Zigaretten herausholte und keß um Feuer bat.

Was dann geschah, ist schnell erzählt: Der Haus-
herr, einer der Drei-Liter-täglich-Wassertrinker, eilte
mit einer Flasche Hierbas herbei, dem Kräuterlikör
der Insel, und behauptete, das sei »pure Medizin«.
Damit war der Bann gebrochen: Nun wurde getrun-
ken, geflirtet, gelacht, daß der samtweiche Abend
plötzlich noch so richtig schön wurde.

*

Wie wunderbar, daß es das so dicht beieinander gibt:
die Leidenschaft nach dem schönen, reinen, gesun-
den Leben – und das kleine verführerische Luder, das
als Laster plötzlich um die Ecke kommt. »Vielleicht
war dies der letzte schöne Sommerabend«, meinte
später entschuldigend die Frau mit der Zigarette. Da
war mir klar: Ibiza hatte sie alle wieder eingeholt.

Das Strohwitwer-Leben
ist genauso trostlos, wie es klingt

Es gibt Augenblicke, da erwischt es dich kalt. Wir saßen beim Frühstück, meine Frau hatte gerade telefoniert, nun kam der Satz, auf den ich nicht vorbereitet war und mit dem ich zunächst auch nichts anzufangen wußte.

Sie hätte soeben mit unserer Tochter gesprochen, auch der Schwiegersohn sei kurz am Apparat gewesen.

»Die Kinder« hätten eine Bitte, da könne sie nicht nein sagen, auch wenn die eigenen Pläne nun hintangestellt werden mußten. Und das würde natürlich auch mich betreffen.

Meine Frau also sprach: »Ich werde dich jetzt drei Wochen alleine lassen.« Rums. Das war der Satz, der mich ansprang wie ein kläffender Hund.

Sie mußte den Satz nicht ergänzen, ich wußte auch so Bescheid: Die Enkel, »die besten Enkel von Welt«, sollten eingehütet werden.

*

Nun steckt in diesem Satz, wenn man ihn ohne jede Wertung betrachtet, verschlüsselt eine doppelte Botschaft: Du bist drei lange Wochen Strohwitwer (ein dusseliges Wort, wie ich finde), aber was die Sache als solche angeht ...

Kurzum! Der Mensch erlebt Situationen, da schwingen sich die Gedanken auf, da bekommt die Phantasie Flügel, da stellt man sich allerlei Tolles, vielleicht sogar Verwegenes vor, da mischen sich neue Farben in das Spiel des Lebens – und dies war genau eine solche Situation.

Mein bester Freund, dem ich am Telefon davon erzählte, schnalzte sogar einmal ganz kurz mit der Zunge. Männerphantasien.

Ich will nicht behaupten, daß meine Frau den inhaltsschweren Satz triumphierend sagte. Aber wenn ich nachträglich noch einmal in ihn hineinhöre, dann war da doch ein Unterton, der etwa lauten könnte: »Nun sieh mal zu, wie das ist, wenn du ohne mich zurechtkommen mußt.«

Am Morgen ihrer Abreise wurden noch ein paar Direktiven erteilt, eine Art Strohwitwer-Dienstanweisung für den Umgang mit dem Hausmeister, der Zugehfrau, dem Getränkedienst, dem Stromableser, dem Klempner, dem Waschmaschinenmann, den vielen Freunden, die wir wieder ausladen mußten.

Dann fuhr sie davon – und dann kam das große »Hallo, Freiheit«: Ich betrat die Wohnung, und alles war anders. Jetzt konnte ich schalten und walten, wie ich wollte. Kein Hauch von Rücksichtnahme. Ich drehte das Radio voll auf. Ich verteilte meine Sachen in allen Räumen.

Ich hockte nachts als »zappendes« Menschenbündel vor der Glotze, surfte durch 30 Programme, hatte trotz aller Kanäle den TV-Kanal noch immer nicht voll, ein Laster, dem ich sonst kaum frönen darf, meine Frau hat dafür nur Verachtung übrig.

Was die eher profanen Dinge anging, so streckte ich als erstes die für zwei Tage vorgekochte Erbsensuppe mittels einer Tasse Wasser auf drei Tage und meisterte im übrigen, wie ich für mich selbst befand, auch sonst ganz geschickt die Situationen des Tages.

Wenn meine Frau mich anrief, um zu hören, wie es mir »in der großen Freiheit« so ergehen würde, dann sagte ich in der ersten Woche tapfer und durchaus ehrlich: »Wunderbar.«

In der zweiten Woche sagte ich nur noch: »Alles in Ordnung.« In der dritten Woche wurde ich kleinlauter ...

*

Also, um es kurz zu machen: Ich kann es gar nicht erwarten, daß sie wieder da ist! Ich will hier kein leeres Stroh dreschen: Aber das Strohwitwer-Leben ist leider, je länger, desto schlimmer, genauso, wie es klingt.

Liebe Kleinstadt,
verzeih meinen Hochmut

Plötzlich fühlte ich mich gefangen. Ich wollte einfach nicht glauben, was der Mann im blauen Kittel sagte, als er mich milde anlächelte. »Wir werden ihn wohl bis morgen mittag hierbehalten müssen.«

Ein Machtwort, an dem es nichts zu rütteln gab. Der Mechaniker hatte den Wagen gründlich inspiziert. »Ohne zwei Ersatzteile ist da nichts zu machen, und die muß ich erst anfordern.« Und dann: »Also bis morgen, gegen drei.«

Ich ging zum »ersten Haus am Platze«, nur drei Straßen weiter, bekam ein Zimmer, schmales Bett, ein Handtuch, kleiner Fernseher, spartanisch, sauber – irgendwo in einer deutschen Kleinstadt.

Dabei wollte ich in wenigen Stunden in München sein, glitzernde Großstadt, Freunde treffen, mit ihnen einen Streifzug machen.

Seit Ewigkeiten hat es mich nicht mehr in »so ein Nest« verschlagen. In der Geometrie meines Lebens kamen Kleinstädte nicht vor. Das ist wahrlich kein Hochmut, das ist Schicksal, Lebensstruktur, Arbeitsablauf im Viereck München, Hamburg, Berlin, Frankfurt.

Und nun dies. Ich rief meine Frau an, mußte ihr den Namen des Städtchens zweimal sagen, sie hatte ihn nie gehört.

»Dann amüsier dich man schön.« Auch die beste Ehefrau der Welt hat wohl hin und wieder das Recht auf eine Prise Schadenfreude.

Am nächsten Morgen dann ein Rundgang. Nichts gab es zu entdecken, was auch nur einen Stern in einem der vielen Reiseführer bekommen hätte. Eine Kirche, ein Kaufhaus, ein Pfarrhaus, ein Fluß, ein Museum, zwei Tankstellen und – Gott sei Dank – »meine Werkstatt«. Mehr nicht.

*

Aber dann sah ich anderes, je heller der Tag wurde, und mein Erstaunen wurde immer größer. Wie friedlich sah die Welt hier aus. Wie geruhsam die Menschen gingen. Wieviel Zeit sie sich nahmen, wenn sie sich an den Marktständen trafen und miteinander sprachen. Keine Hast, kein Geschiebe.

Ein paar hundert Meter, schon war ich am Stadtrand. Tiefes Einatmen, klare Luft. Ein Wald ohne Baumsterben. Radler, die sich zuwinkten. Alte Leute auf Bänken, wie auf alten Gemälden. Mütter, die wirklich noch mit ihren Kindern spielten. Und alles schien im Zeitlupentempo abzulaufen.

Als ich später die junge Frau an der Rezeption fragte, wie sie es hier überhaupt aushalten könne, lachte sie mich an – aber mir war, als ob sie mich auslachen würde.

»Wissen Sie, wenn ich mal in die Stadt muß und dann wieder nach Hause fahre, öffne ich schon auf der Einfahrt zur Autobahn das Schiebedach und fange laut an zu singen – so froh bin ich, den ganzen Wahnsinn der Großstadt hinter mir zu lassen.«

Da wußte, da ahnte ich zumindest: »Eines schickt sich nicht für alle. Sehe jeder, wie er's treibe. Sehe jeder, wo er bleibe, und wer steht, daß er nicht falle.« Irgendwo und irgendwie landet man immer bei Altmeister Goethe, ob mit oder ohne Auto. Nur kann die Erkenntnis dank eines kaputten Autos besonders schnell kommen.

Liebe Kleinstadt ohne Namen, verzeih deshalb bitte meinen Hochmut.

Vor der Operation – ein Tag
im Niemandsland

Es sind sicher nur fünf, sechs Sekunden, die ich mich noch einmal in meiner Wohnung umschaue, doch viel länger als sonst. Der Taxifahrer hat bereits geklingelt, ungeduldig, auch Türklingeln können Launen zeigen.

Den Acht-Uhr-Termin zur Aufnahme ins Krankenhaus hatte ich längst verpaßt. Ich bin also wirklich in Eile – und doch: Ich blicke mich noch einmal in den Zimmern um, als wollte ich diese Bilder in meiner Erinnerung festnageln.

Wird alles unverändert sein, wenn ich in drei Wochen zurückkomme? Das ist nur die eine, die vordergründige Frage. Die andere, die sich sekundenschnell dazwischenschiebt, ist drängender: Wie wird es eigentlich in mir selbst aussehen, wenn die Operation »gelaufen«, der Klinikaufenthalt beendet ist?

Draußen herrscht Hektik. Ein Berufsverkehr zum Erbarmen. Ampel-Kampf-Gedränge zwischen Gelb und Rot. »Die Menschen sind alle verrückt«, schimpft der Taxifahrer, der selbst keine Gelegenheit ausläßt, es den anderen zu zeigen.

Was mich an anderen Tagen nerven würde, heute empfinde ich das Tohuwabohu auf den Straßen als »Leben pur«. Denn morgen wird alles anders sein.

Der Tag vor der Operation – mit keinem vergleichbar – ist ein Tag im Niemandsland, abgerückt von allem, was uns eben noch so wichtig dünkte.

Du gehörst nicht mehr dazu, wenn die Menschen auf der Rennbahn des Lebens entlangtoben, sogar die Nachrichten im Autoradio klingen plötzlich wie von einem fremden Stern. Als das Taxi endlich an der Patientenaufnahme vorfährt, da sind all die quälenden Politiker-Debatten ganz weit weg.

Vor dem Skalpell kommt der Computer. Du schrumpfst zusammen zu den paar Daten deiner Krankengeschichte. Einverständniserklärungen werden dir vorgelegt, viel Kleingedrucktes darunter, du unterschreibst alles. Wer feilscht jetzt noch um Formulierungen, Mißtrauen gegenüber Ärzten kann selbst zu einer Krankheit werden.

Dann das Zimmer, freundlich – und geheimnisvoll anonym. Für Sekunden der erdrückende Gedanke, wie viele Menschen hier vor dir wie viele Schmerzen ertragen mußten. Dann der befreiende Gedanke, wie viele Patienten hier gesund herausgegangen sind.

*

Ich blicke aus dem Fenster, der Herbst hat erste braune Farbtupfer in die sommergrünen Bäume gemischt, unerbittliches Gesetz der Natur.

Ich laufe noch für eine Stunde im weitläufigen Klinikum umher, aber das Niemandsland-Gefühl verläßt mich nicht mehr.

Schrille Sirene eines Krankenwagens, Sanitäter rennen, als ginge es um ihr eigenes Leben – Notaufnahme! Ein Mensch wird aus »heiterem Himmel« herausgerissen, so ganz anders als bei mir, der ich schon vor Wochen den OP-Termin bekam.

Plötzlich fällt mir ein, daß ich nur wenigen Menschen erzählt habe, was mir bevorsteht: Bloß kein Mitleid erwecken, nicht die Angst verbreiten, die man ganz tief drinnen bei sich selbst verspürt, auch wenn man es nicht zugeben will.

Denn diesen Weg durch das Niemandsland zwischen Bangen und Hoffen, zwischen Mut und Demut, den mußt du – und würden dich auch tausend Wünsche begleiten – schließlich morgen doch alleine gehen.

Aber wem sage ich das? In Deutschland werden in jeder Woche 20 000 Menschen operiert.

Auf einer einsamen Kreuzung
in Miami

Traumhaft, könnte dieser sonnensatte Tag nie zu Ende gehen. Erst das Bad an der Beach von Miami, dann das Staunen im Art-Déco-Viertel darüber, wozu der Mensch, entfesselt in einer grenzenlosen Ferienfreiheit, alles fähig ist, wenn eine blendende Sonne die letzten »bürgerlichen« Hemmungen ausbrennt.

Es sind die Mädchen, die auf diesem Boulevard des Lebenshungers das Tempo bestimmen. Sie walken, joggen, tanzen, radeln und rollern zwischen den Autos, und alle haben diesen herausfordernden ewig gleichen Körperkult-Blick: »Schaut her, bin ich nicht toll«.

Vom Meer weht eine Brise herüber. Man vergißt, in der einzigen Stadt der Welt zu sein, die einen Rundfunksender installiert, der in allen Sprachen die Touristen vor der Welle von Gewalt warnen will.

Stunden später fahren wir in eine flammendrote Abenddämmerung hinein, die Skyline von Miami-City vor uns, wir kommen an einer Gabelung vom Wege ab, verirren uns im Halbdunkel eines Vororts. Meine Frau drückt den Knopf »Lock« an der Wagentür, eine kaum wahrnehmbare Handbewegung. »Es ist besser so«, sagt sie nur.

Welch ein gutes Gefühl, nun in einem verschlossenen stählernen Käfig zu sitzen, da wir doch genau dahin geraten sind, wo wir nach allen polizeilichen Hinweisen nichts zu suchen haben.

Plötzlich wird meine Fahrt auf der endlosen Straße in diesem Elendsviertel unterbrochen. Eine Ampel springt auf Rot, und schon steht, aus dem Nichts kommend, eine Gestalt vor uns, die sich im Licht-Dunkel nun auch noch über den Kotflügel beugt.

Der Mann reckt mir mit seiner mageren Hand einen Pappbecher entgegen, was immer das bedeuten soll. Ich spüre nur eine hochschießende Angst, als endlich die Ampel auf Grün zurückspringt – und ich trotzdem nicht losfahren kann: Der Unheimliche weicht keinen Millimeter.

Etwa zehn Sekunden schauen wir uns an. In seinem Blick war, so schien es mir, der Jammer dieser Erde, die schiere Verzweiflung.

Schon wollte ich die Scheibe einen Spalt herunterkurbeln, um ein paar Dollarscheine hinauszureichen, da tritt er einen halben Meter zur Seite. Welch eine Chance: Mein Fuß drückt sofort das Gaspedal in die tiefsten Tiefen, und ich rase auf und davon.

Später sagt meine Frau: »Es ist ein Kreuz mit all diesen Horrormeldungen.« Die ganze herrliche Ferien-Unbefangenheit ist dahin. Überall hast du das Gefühl, es lauern Gefahren – sogar dort, wo gar keine sind.

Hätte ich die Scheibe geöffnet und mir eine Salve aus einer Gaspistole eingehandelt, wäre ich der gutmütige dumme Tourist, den keine Versicherung schützt. Nun aber, da ich in meinem rollenden Käfig davonfahre, habe ich ein anderes, trauriges Gefühl: daß auf dieser einsamen Kreuzung in Miami vielleicht einem armen Schlucker ein Stück Unbarmherzigkeit widerfuhr.

Und plötzlich ist die Heiterkeit des Morgens mit den Mädchen an der Beach ganz weit weg.

Immer nur an der Oberfläche entlang – alles für die Karriere

Es ist ein paar Wochen her, da sah ich sein Bild in der Zeitung. Er war umringt von seinen Freunden, er ließ sich – vierzig Jahre alt geworden – stürmisch feiern. »An einem solchen Tag muß man ein Faß aufmachen«, so hatte er der großen Gästeschar erklärt.

Dann hörte ich lange nichts von ihm, und als ich ihn jetzt wiedersah, war ich erschrocken: Aus seinem Gesicht war alle Strahlkraft verschwunden.

Er hatte einen Herzinfarkt hinter sich, eine »schlimme Zeit« mit Notarzt, Intensivstation und Sanatorium.

Um das trostlose Thema zu wechseln, erinnerte ich an die Berichte über seine glanzvolle Geburtstagsfete, er aber winkte sofort ab: »Verschone mich bitte damit.«

Denn von den achtzig Gästen, den sogenannten Freunden, hätten sich genau drei gemeldet, als er selbst vom Schicksal abgemeldet war.

Dafür hätten sich aber fünf Menschen bei ihm erkundigt, ob sie ihm helfen könnten, darunter zwei, die er ursprünglich auch auf seiner Einladungsliste notiert, dann aber aus »irgendeinem idiotischen Grund« wieder gestrichen hatte.

Als er von dannen ging, rief er mir noch hinterher,

es gebe nun einmal »nicht ausgelebte Freundschaften«, darüber sollte ich mal nachdenken.

Er habe in seiner Karriere den Fehler gemacht, sich um seine wahren Freunde nicht genug zu kümmern. »Es ging leider immer nur an der Oberfläche entlang.«

Zufällig blätterte ich am folgenden Tag in den *Sternstunden der Menschheit* von Stefan Zweig, las die Geschichte des englischen Kapitäns Robert Falcon Scott, der – im Wettlauf mit dem Norweger Ronald Amundsen – zum Südpol aufbrach, der 1912 mit seiner Expedition jämmerlich zugrunde ging, der aber noch im Sterben die Kraft fand, Briefe zu schreiben, die später gefunden wurden.

Unter diesen letzten Botschaften aus dem ewigen Eis war eine, die seinem Freund galt und die mit diesem Eingeständnis begann: »Ich bin nie in meinem Leben einem Menschen begegnet, den ich so bewundert und geliebt habe wie Sie, aber ich konnte Ihnen niemals zeigen, was Ihre Freundschaft für mich bedeutete, denn Sie hatten viel zu geben und ich Ihnen nichts.«

Männliche Starre und seelische Keuschheit verwehrten ihm ein Leben lang, sich zu diesem Bekenntnis der Freundschaft durchzuringen, erst angesichts des atemnahen Todes fand er dazu die Kraft.

Hatte ich bisher gedacht, es sei ein Stigma unserer heutigen schnellebigen Zeit, daß wir das Spiel der Freundschaft mit einem Minimum an Gefühlseinsatz zu gewinnen hoffen, daß wir Freunde wie Trophäen in möglichst großer Zahl um uns versammeln, so zeigte mir dieser erschütternde Brief: Auch bei den mutigsten Menschen kann es durchaus eine Scheu geben, sich einer Freundschaft ganz zu öffnen.

*

Der Mann mit dem überstandenen Herzinfarkt hatte mir gesagt, er wolle sich von nun an nicht mehr im Spiegel der Eitelkeit mit der großen Zahl brüsten – »Achtzig Gäste, aber auch wirklich achtzig Freunde?« –, sondern bescheidener werden: »Wenn man sie an den Fingern einer Hand abzählen kann, reicht es ja auch.« Womit er, wie das Leben so zeigt, nur allzu recht hatte.

Ich habe meiner Mutter
unrecht getan

Frühlingsfahrt raus gen Süden, Richtung Garmisch-Partenkirchen. Lindgrün die Bäume, Birkenstämme in einem Weiß, das die Augen blendet. Weiß auch der Berge Spitzen, Reste des dahingestorbenen Winters, der sich so zäh verteidigte und dann doch überwunden wurde. Wir wissen es – und doch erscheint es uns jedes Jahr aufs neue wie ein Wunder. »Frühling läßt sein blaues Band ...«

Ein paar Kilometer vor dem Ziel, flach hingestreckt, unscheinbar und leicht zu übersehen: der kleine Ort Farchant. Plötzlich kommen die Gedanken und sind nicht abzulenken, nicht durch die Aufmerksamkeit, die der Straße gilt, nicht durch Radiomusik: die Gedanken an meine Mutter, die gerade diesen Ort so liebte, ihn in ihr Herz geschlossen hatte.

Sie lebte hoch oben im Norden, über acht Jahrzehnte waren Lübeck, Travemünde, St. Peter, waren die Westwinde Schleswig-Holsteins und die Wellen der Meere ihre Heimstatt.

Doch einmal im Jahr trieb es sie in die Berge – sie kannte all die mondänen Orte, die Skiparadiese, die Spielwiesen der Reichen und Schönen. Aber je älter sie wurde, desto mehr zog es sie ausgerechnet nach Farchant, ich hatte es nie verstanden.

Aber nun, da ich den Ort durchfuhr, der nach nichts aussieht, erinnerte ich mich, daß meine Mutter mir, wenn auch verschlüsselt, einmal die Erklärung für ihren Wunsch gegeben hatte, in ihren letzten Jahren dort, und nur dort, die Bergwelt zu genießen.

Natürlich sind St. Moritz, Cortina, Kitzbühel, Gstaad und all die anderen herrlichen Juwelen nicht zu verachten, aber doch bitte alles zu seiner Zeit, wenn das eigene Leben noch einen schnellen Puls hat. Eines Tages jedoch entdeckst du in dir eine tiefe Sehnsucht nach Ruhe und Einfachheit.

Und nach der Ehrlichkeit. Die Kathie, bei der meine Mutter alljährlich, je öfter, je lieber, Quartier bezogen hatte, sei »ein Mensch, den du heute nur noch mit der Lupe suchen kannst«.

Von ihrem kleinen Gästezimmer aus konnte sie Garmisch sehen, die Waxensteine, die Zugspitze, und wenn ich sie ins Café einlud, dann fuhren wir natürlich die paar Kilometer hinüber. Aber sobald wir in ihre Pension zurückkehrten, sagte sie nur: »Hier ist es doch am schönsten.«

Nein, diese Bescheidenheit habe ich damals nicht verstanden. Farchant? Eine seltsame Zuneigung, wie es mir schien.

Jetzt, da ich die flackernden roten Bremslichter der Autos vor mir tanzen sehe, da der Garmisch-Stau sich ankündigt, muß ich plötzlich an meine Mutter denken – und glaube nun, alles zu verstehen.

Ich weiß nicht, ob sie damals spürte, daß ich mit

der Unduldsamkeit der Jugend hochnäsig von
»ihrem Farchant« sprach, da doch Garmisch-Partenkirchen vor ihrer Haustür lag: größer, lebendiger, ver-
führerischer als Farchant, eine allererste Adresse dazu, weltbekannter Olympiaort. Garmisch wäre für
Mutter gerade gut genug, dachte ich, einmal hatte ich
es sogar zu ihr gesagt.

*

Es war ein Irrtum, wie ich heute weiß, da ich Farchant im Rückspiegel sehe. Ich habe nicht nur dem
Ort, ich habe auch meiner Mutter unrecht getan.
Aber leider kommt man selbst als Sohn oft zu spät
darauf.

Eine Woche Sonnenschein –
zuviel verlangt?

Am 11. September 1899, um halb drei Uhr an einem Montag, schrieb Marcel Proust im »Splendide Hôtel des Bains Evian-les-Bains« am Genfer See seiner »auserwählten Herzensmama« einen Brief, der mit diesen Worten beginnt: »Gestern, heute nacht und heute morgen Regen und kalt. Seit Mittag scheint die Sonne. Das Barometer steigt wieder.«

Erst nach dieser völlig belanglosen Eröffnung berichtete er, daß der Freund seiner Mutter, Monsieur Cottin, durch eine zu große Dosis Schlafmittel in tiefe Besinnungslosigkeit gefallen war und erst mit Hilfe eines Einlaufs und eines Arztes zum Leben zurückfinden konnte.

Wie das? Die Nachricht einer höchst bedrohlichen menschlichen Tragödie an zweiter, das Regenwetter dafür an erster Stelle, und das bei einem so sensiblen Dichter?

*

Wir können lesen, was immer wir an Tagebüchern und Briefen finden, das Wetter hat einen Logenplatz in der Berichterstattung.

Bei einigen, wie zum Beispiel bei Thomas Mann, vergeht sogar kaum ein Tag, an dem sie nicht ihre wettermäßige Befindlichkeit akribisch notieren.

Kein Wunder, daß auch wir, eher im Mittelfeld der breiten Gefühlsskala, dauernd vom Wetter sprechen, obwohl es doch das Sinnloseste der Welt ist, da Wolken und Wind von uns nicht beeinflußbar sind – erfreulicherweise.

*

Als mich Ostern ein Freund aus Spanien anrief, um mir viele Ostereier zu wünschen, als er hörte, daß es bei uns in Deutschland schneite und graupelte, als ich dann noch das Radio aufdrehte, in dem gerade der Horror-Wetterbericht für die nächsten Tage kam, den er mithören konnte, war Schadenfreude für ihn das allerdickste Osterei, sagte er doch nur lakonisch: »Pech gehabt, alter Junge.«

Der Frühling, der irgendwo im Wolkenstau steckengeblieben sein mußte, war Dauerthema dieser Tage. Die typisch deutsche Sonnensehnsucht, von der mächtigen Tourismusindustrie mit Glanzprospekten am Kochen gehalten, läßt jeden deutschen Regentag zu einem Fiasko werden: Man könne ja gen Süden düsen – wenn man könnte ...

Dabei beweisen Aufzeichnungen vergangener Jahrzehnte: Es gab zu allen Zeiten Wetterkapriolen. Daran hat sich nichts geändert.

Geändert hat sich allerdings unsere total überzogene, verwöhnte Einstellung zum Wetter, dieser letzten Bastion in der Natur, die wir Freizeitkünstler noch immer nicht erobert haben.

Als ich einem Freund, der sich für ein paar schnelle Ferientage verabschiedete, eine Woche Sonnenschein wünschte, schaute er mich sekundenlang verständnislos an, um dann – für mich unvergeßlich – zu sagen: »Das ist zwar lieb gedacht, aber so unbescheiden wollen wir denn doch nicht sein.« Er sei weit davon entfernt, sich Unwünschbares zu wünschen: »Das hat auch etwas mit Lebenskunst zu tun.«

Nein, was wir vom Wetter wirklich in der Hand haben, das ist nur – der Wetterbericht. Wenig genug. Und was wir von den Prophezeiungen des Wetterberichts zu halten haben, illustriert die folgende wunderschöne und nur allzu wahre Anekdote:

Mark Twain trifft auf dem Weg in seine Redaktion seine Nachbarin, der er erzählt, es würde heuer eine schlechte Ernte geben. Die Frau widerspricht vehement. Sie wohne seit Jahren in dieser Gegend, sie kenne sich gut aus. »Die Ernte wird mit Sicherheit gut.«

Mark Twain schreibt trotzdem seinen Artikel über die zu erwartende Mißernte. Am nächsten Tag sieht er die wetterkundige Nachbarin wieder. »Entschuldigen Sie, Herr Twain«, ruft sie ihm über die Straße zu. »Sie haben recht, es wird wirklich eine miserable Ernte geben. Heute steht es nämlich in der Zeitung.«

»Faul, verstockt und voll liederlichen Hohns für das Ganze« saß Thomas Mann eigenen Aussagen zufolge seine mäßig erfolgreiche Schulzeit ab. Thomas Edison mußte sich als Achtjähriger von seinem Lehrer als Hohlkopf beschimpfen lassen, Hermann Hesse scheiterte am Gymnasium. Aber läßt sich aus diesen Geschichten automatisch ableiten, daß schlechte Schüler im Leben erfolgreicher sind als die guten? Um diese Frage zu beantworten, lädt Gerhard Prause zu einer kulturhistorischen Entdeckungsreise: Spüren Sie mit ihm der Schulkarriere von mehr als hundert weltberühmten Personen aus Geschichte und Gegenwart nach!

»Prause hat ein Buch vorgelegt, das... Schätze birgt.«
Frankfurter Allgemeine Zeitung

Gerhard Prause

Genies in der Schule
Legenden und Wahrheiten über den Erfolg im Leben

Econ | **Ullstein** | List

Auch die Großen der Geschichte mußten die Kleinigkeiten des Alltags bewältigen: Gauguin, Tolstoj, Schopenhauer und Dickens hatten zeitlebens Probleme mit Frauen. Mozart, Rembrandt und Marx fehlte es ständig an Geld. Händel, Flaubert und Bismarck litten an Übergewicht; Goethe, Baudelaire und Faulkner tranken zuviel... Gerhard Prause führt auf die unterhaltsame Weise die kleinen Schwächen der Genies vor und zeigt anhand vieler amüsanter Episoden: Auch sie waren nur Menschen wie du und ich. Ein ebenso tröstlicher wie informativer Spaziergang durch die Geschichte.

Gerhard Prause

Genies ganz privat
Die kleinen Schwächen
großer Frauen und Männer

Mit zahlreichen Abbildungen

Econ | ULLSTEIN | List

Von Petra Durst-Benning sind in unserem Haus folgende Titel erschienen

Die Silberdistel

Süddeutschland im Jahre 1514: Die Lebensbedingungen der Bauern könnten schlechter nicht sein. Auch der ungestüme Bauer Jerg, der mit seiner Familie in Taben auf der Schwäbischen Alb lebt, hat unter dem vergnügungssüchtigen Herzog Ulrich zu leiden. Jerg schließt sich dem Geheimbund der Bauern *Armer Konrad* an, um für seine Rechte zu kämpfen...

Die Liebe des Kartographen

Im Auftrag des Herzogs wandert der Kartograph Philip Vogel durch Württemberg, um Land und Wälder zu vermessen. Als er in einer Gewitternacht vom Pferd stürzt, findet ihn die Gerberstochter Xelia. Sie nimmt den Unbekannten mit in ihre Höhle im Wald. Der verletzte Philip wehrt sich zunächst heftig gegen die Hilfe der verwahrlosten jungen Frau, die offensichtlich etwas zu verbergen hat...

Die Zuckerbäckerin

Stuttgart 1816: Die verwaisten und ungleichen Schwestern Eleonore und Sonia leben in ärmlichen Verhältnissen. Doch das Glück scheint auf ihrer Seite zu stehen, selbst nach einem Diebstahl, denn Königin Katharina holt die beiden Mädchen aus Mitleid als Küchengehilfinnen an ihren Hof. Von nun an verknüpfen Liebe, Verrat und Intrigen das Schicksal der drei Frauen miteinander

Petra Durst-Benning, geboren 1965 in Schwaben, lebt mit ihrer Familie als freie Autorin in Wernau. Sie hat sich vor allem mit ihren historischen Romanen einen Namen gemacht.

Econ | ULLSTEIN | List